KB058627

백만장자 시크릿

Secrets of the Millionaire Mind

Copyright ⓒ by T. Harv Eker
All rights reserved.

Korean translation copyright ⓒ 2020 by RH Korea Co., Ltd.
Korean translation rights arranged with HarperCollins Publishers Inc.,
through Eric Yang Agency

이 책의 한국어판 저작권은 에릭양 에이전시를 통한 HarperCollins Publishers Inc. 사와의 독점
계약으로 한국어 판권을 ㈜알에이치코리아가 소유합니다.
저작권법에 의하여 한국 내에서 보호를 받는 저작물이므로 무단 전재와 복제를 금합니다.

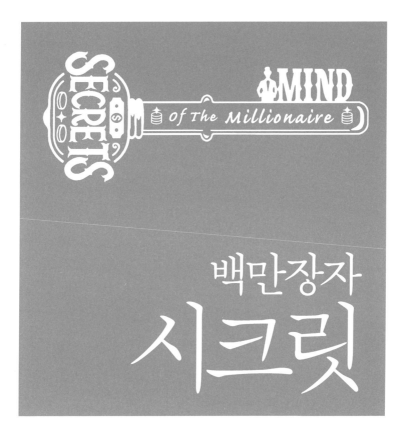

SECRETS
MIND
of The Millionaire

백만장자 시크릿

부를 끌어당기는 17가지 매뉴얼

하브 에커 지음 | 나선숙 옮김 | 편기욱 감수

RHK
알에이치코리아

생각을 바꾸어 부를 끌어당기는 최고의 매뉴얼

사실 지금 소개하려는 이 책만큼 감수자가 손볼 곳이 없는 책도 드물다. 그리고 이 책의 중요한 부분에 밑줄을 그으려 한다면 아마 책 전체가 형광펜으로 색칠이 되어버릴 것이다.

세상의 돈이 한정적이라고 생각하는 사람들, 다른 사람에게 기회가 가면 내 기회를 빼앗긴다고 생각하는 사람들에게 이 책은 자기만 소유하고 싶어 할, 자기 혼자만 보고 싶어 할 그런 책이다. 그런가 하면 세상의 풍요로움이란 무한한 것이며, 우리 모두가 원하는 만큼 나누어 가져도 끊임없이 솟아나는 무한함이라는 것을 아는 사람들에게 이 책은 우리가 함께 나누고 함께 공유해야 할, 부자로 가는 초특급 노하우 정리집이라고 할 수 있다.

나는 이 책을 더 많은 분들이 읽기를 원한다. 그래서 많은 분들께 알리기 위해 감수를 시작했다. 감수하는 내내 어쩌면 이렇게 깊이 있고 중요한 내용을 명확하면서도 재미있게 썼을까 새삼 감탄했다.

이 책을 처음 보았을 때의 느낌이 생생하다. 가슴은 방망이질 쳤고, 눈은 다음 글을 빨리 따라가기에 바빴다.

도대체 누가 이런 책을 썼는지 궁금해서 저자에 대해 몇 번이나 찾아보았다. 하브 에커, 도대체 이 사람은 누구이기에 부와 인생에 대한 뛰어난 지혜와 통찰을 가지고 있을까. 이 책은 통상적인 부자학, 성공학보다 한 걸음 더 나아가 내면의식의 깊은 성장에 대해 이야기하고 있으며, 결코 현학적이지 않은 구체적이고 쉬운 말로 그러한 깊이 있는 내용을 잘 전달하고 있다.

앞으로의 시대는, 아니 지금부터 벌써 시작된 흐름은, 바로 물질의 풍요와 의식의 성장이 함께 이루어지는 시대다. 얼핏보면 황금만능주의, 물질만능주의 시대인 것처럼 보이지만 서점에 한번 나가보라. 얼마나 많은 마음과 정신, 의식에 대한 책들이 쏟아져 나오고 있는지! 얼마나 많은 진실들이 우리의 마음에 대해 한 방향으로 같은 이야기를 해주고 있는지……. 물질의 추구가 극도로 치닫고 있는 이 시대에 정신적 성장을 촉구하는 책들 또한 봇물 터지듯 쏟아지고 있다.

부자는 이기적이고 탐욕스러우며 돈을 벌기 위해 수단과 방법을 가리지 않는 삶을 살고, 철학가나 명상가들은 정신적인 것만이 가장 고결하고 추구할 가치가 있고 올바르다고 여길 것이라 예단해 버리는 이분법적인 시대는 지나갔다.

돈은 얻었지만 내면의 평화와 행복, 사회적 신뢰와 명예를 놓치는 부자나 마음의 안정과 평화는 얻었지만 경제적으로 궁핍한 명상가, 철학가의 시대는 지났다. 오늘날 우리는, 그리고 시대의 흐름은 이 둘의 긍정적인 통합을 원하고 있다. 그리고 '그게 과연 가능할까?'라고 의문을 제기하는 사람들에게 나는 자신 있게 말한다. 분명히 가능하며, 이제부터 시작이라고. 그리고 그 핵심적인 이야기들이 《백만장자 시크릿》에 명확하고 시원하게 제시되어 있다.

이 책은 단순히 돈 버는 방법에 대한 이야기가 아니라 부에 대한 자신의 무의식을 점검해 보고 부를 이루기 위해 어떻게 생각하고 행동해야 하는지 단계별로 자세하게 설명되어 있다. 사소하다고 치부해 버렸던 일들이 어떻게 부의 길목을 가로막고 스스로를 답답한 현실 속에 안주하게 만들었는지, 놀라운 통찰이 하브 에커 자신의 경험담과 함께 잘 제시되어 있다.

1부에서는 어린 시절에 보고 듣고 배운 것들이 알게 모르게 우리의 경제 청사진(마인드)을 형성했고 그것이 어떻게 경제적 실패를 부르는 사고방식과 습관으로 굳어졌는지 그 패턴을 설명하고 있다. 즉 돈에 관하여 우리가 어떤 가르침을 받았으며 어떻게 생각하고 행동하도록 조건화되어 있는지 설명하고, 그런 경제 청사진을 수정하기 위한 4가지 핵심 전략을 소개한다.

2부에서는 부자가 되기 위한 실제적이고 매우 효과적인 방법론을 알려줄 것이다. 사람들이 왜 부유층, 중산층, 저소득층으로 갈릴 수밖에 없는지 사고방식의 차이를 분석하고, 17가지 '백만장자 마인드'와 더불어 당신이 계속적으로 성공한 부자로 살기 위해 실천해야 하는 행동지침들을 제시한다.

그리고 하브 에커의 세미나에 참석했던 사람들의 경험담과 놀라운 변화 사례도 소개한다.

행복은 절대 돈이 많아야 얻어지는 것이 아니다. 하지만 우리가 원하는 행복을 누리기 위해서는 물질세상을 충분히 누릴 수 있을 만큼의 돈도 필요하다. 한쪽만 보고 질주하는 사람들에게 마지막으로 조언한다. 행복은 물질적인 것과 내면적인 것, 둘 다 필요하다는 것을 솔직히 인정하고, 돈과 마음과 의식의 풍요를 함께 이루어보자.

끝으로 이 책이 다시 세상에 나올 수 있게 해준 출판사 알에이치코리아와 도움을 주신 네이버 비욘드 더 시크릿 카페의 은선님께 진심으로 감사한 마음을 전한다.

편기욱

목차 ∽

감수의 글 생각을 바꾸어 부를 끌어당기는 최고의 매뉴얼 _ 004

프롤로그 부자처럼 생각하고 부자처럼 행동하라 _ 011

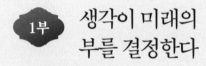

1부 생각이 미래의 부를 결정한다

부와 성공은 경제 청사진에 따라 움직인다 _ 026

과거의 경험이 나를 지배하고 있다 _ 035

경제 청사진을 만든 첫 번째 영향
어린 시절 어떤 말을 듣고 자랐는가 _ 039

경제 청사진을 만든 두 번째 영향
어린 시절 누구를 보고 자랐는가 _ 045

경제 청사진을 만든 세 번째 영향
어린 시절 어떤 특별한 경험을 하였는가 _ 056

이제 경제 청사진을 부자답게 그리자 _ 062

 **2부 백만장자의
17가지 시크릿**

백만장자 마인드 1   내 인생의 부는 내가 만든다 _ 080

백만장자 마인드 2   부자는 부를 목표로 한다 _ 092

백만장자 마인드 3   부를 꿈꾸고 헌신하는 사람만이 부자가 된다 _ 097

백만장자 마인드 4   크게 생각하는 사람이 크게 이룬다 _ 107

백만장자 마인드 5   행동하는 것이 행동하지 않는 것보다 낫다 _ 114

백만장자 마인드 6   부를, 부자를 긍정하라 _ 125

백만장자 마인드 7   긍정 에너지를 가진 사람들을 가까이하라 _ 138

백만장자 마인드 8   자신과 자신의 가치를 알려야 한다 _ 147

백만장자 마인드 9   어떤 어려움이 닥쳐도 그보다 강해져라 _ 154

백만장자 마인드 10   "나는 충분히 받을 만큼 가치 있는 사람이다" _ 161

백만장자 마인드 11   시간이 아닌 결과에 따라 보상받아라 _ 176

백만장자 마인드 12   둘 다 가질 수 있다 _ 185

백만장자 마인드 13   진정한 부의 척도는 순자산이다 _ 195

백만장자 마인드 14   적은 돈부터 관리하고

                      투자하는 습관을 들여라 _ 205

백만장자 마인드 15   돈이 나를 위해 일하게 하라 _ 218

백만장자 마인드 16   두려움에도 불구하고 행동을 시작하라 _ 232

백만장자 마인드 17   최고의 보상을 받으려면 최고가 되어라 _ 246

에필로그 말하기는 쉽다. 행동이 필요하다! _ 257

          하브 에커가 받은 감사의 편지들 _ 262

부록   부자 매뉴얼 : 백만장자 선언과 행동지침

부자처럼 생각하고
부자처럼 행동하라

세미나를 시작하면서 첫 마디로 "내 말을 믿지 말라."고 하면 모두들 황당해한다. 그렇게 말하는 이유는, 내가 하는 말은 오로지 내 경험만을 토대로 하기 때문이다. 내가 공유하고자 하는 생각이나 통찰은 진실도 아니고 거짓도 아니며 옳거나 그르지도 않다. 단지 내가 이뤄낸 결과와 나의 세미나에 참석한 수천 명의 사람들이 살아오면서 직접 체험한 일만을 이야기할 뿐이다.

그러나 나는 이 책에 나오는 원칙들을 활용한다면 당신의 인생이 완전히 달라질 것이라고 믿는다. 이 책을 그냥 읽지 말라. 목숨이 달린 것처럼, 인생이 걸린 일처럼 간절히 읽고 소망하고 연구하기 바란다. 그리고 나서 이 원칙들을 직접 시험해 보라. 효과가 있는 것은 계속해 나가고 효과가 없는 것은 미련 없이 내던져라.

단언컨대 돈에 관한 한 이 책이 당신의 삶에 가장 중요한 책이 될 것이다. 너무 자신만만하다고 생각하는가?

하지만 이 책으로 인하여 당신은 성공하고 싶은 욕망과 성공이라는 결과물 사이의 간극을 확실하게 메울 수 있을 것이다. 성공하고 싶은 욕망과 성공이라는 결과물은 전혀 다른 차원의 일이기 때문이다.

지금까지 독자들은 부동산, 주식, 비즈니스 등 각 분야에 대한 책을 읽고, 영상을 보고, 강연회에 다니며 부자가 될 수 있는 시스템을 공부했을 것이다. 하지만 그 후에 어찌 되었는가? 대개의 경우 도로 아미타불이다! 대부분의 사람들은 잠깐 반짝이는 것 같다가 원래의 상태로 되돌아간다.

이제 드디어 해답을 찾을 수 있게 되었다. 답은 간단하다. 이것은 원칙이기 때문에 그 누구도 예외일 수는 없다. 한마디로 요약하면 당신의 무의식에 내재된 '경제 청사진'이 성공 쪽으로 세팅되지 않으면 무엇을 배우든, 얼마나 많이 알든, 무슨 일을 하든, 달라지는 건 없을 것이라는 점이다.

이 책에서 당신은 그동안 도무지 이해할 수 없었던 일들을 알게 될 것이다. 왜 어떤 사람은 부자가 되고, 왜 어떤 사람은 하루하루 먹고살기에 급급한 것인가. 경제적으로 성공한 사람과 평범한 사람, 실패한 사람이 나뉘는 근본적인 원인은 무엇인가. 우선 그 이유를 알아보고 난 이후에 당신의 경제적인 미래를 180도로 바꾸는 대장정이 시작될 것이다.

어릴 때 보고 듣고 배운 것들이 어떻게 각 개인의 경제 청사진을 형성하는지, 이런 영향력들이 어떻게 자기 패배적인 사고방식과 습관으로 이어지는지를 알게 될 것이다.

부자가 되기 위한 전반적인 방법론, 즉 쓸데없고 비생산적인 생각을 생산적인 생각으로 바꿔주는 힘의 '선언'은 물론이고, 부자들의 생각과 행동을 통하여 밝혀낸 '성공 마인드'뿐 아니라 보다 많은 소득을 올려 부를 축적해 나갈 수 있는 실용적이고 단계적인 전략까지 알게 될 것이다.

이 책의 1부에서는 돈에 관하여 우리가 어떤 가르침을 받았으며 어떻게 생각하고 행동하도록 조건화되어 있는지를 설명한다. 또한 돈과 부에 대해 가지고 있는 그릇된 생각들을 수정할 수 있는 4가지 핵심 전략을 소개한다.

2부에서는 부유층, 중산층, 저소득층이 갈릴 수밖에 없는 사고방식의 차이를 분석하고, 17가지 백만장자 마인드와 더불어 당신이 지속적으로 영원히 성공한 부자가 되기 위해 실천해야 하는 행동지침들을 제시한다. 내가 진행하는 세미나에 참석했던 사람들의 경험담과 그들이 체험한 놀라운 변화도 사례로 제시될 것이다.

그럼 나의 경험은 어땠고, 나의 시작은 어땠냐고 묻고 싶은가? 처음부터 줄곧 성공가도를 달려왔냐고? 천만의 말씀이다!

해답은 당신 마음속에 있다

남들처럼 나도 잠재된 능력은 꽤 있었을 테지만 그걸 제대로 드러내지 못했다. 책을 읽고, 온갖 영상을 보고, 세미나에 수도 없이 참석했다. 정말, 무지하게, 미치도록 성공하고 싶었다. 돈 때문인지, 자유 때문인지, 성취감 때문인지, 그저 부모님에게 썩 괜찮은 아들이라는 걸 증명해 보이고 싶어서였는지⋯⋯. 하여튼 나는 성공에 심하게 집착했다.

20대 시절에 대여섯 가지 사업을 벌였는데 분명히 큰돈을 벌수 있을 거라는 꿈에 부풀어 시작했다가 결국에는 비참하게 좌절하고 더 처참해지는 악순환의 연속이었다.

뭔가 이뤄보려고 무진장 애를 썼지만 늘 실패했다. 네스 호의 괴물을 찾아내려는 사람처럼 '수익'이라는 괴물을 찾아 헤맸지만, 나는 그 녀석을 한 번도 구경한 적이 없었다. 사업 아이템을 제대로 고르거나 기회를 잘 잡으면 성공할 것이라고 생각했다. 하지만 생각대로 되지 않았다. 제대로 되는 일이 없었다. 적어도 나에게는.

그때였다. 이 마지막 부분이 나의 머리를 강타했다. 똑같은 사업인데 왜 다른 사람들은 성공하고 나는 계속 실패하는가? 나의 '잠재력'은 어디서 뭘 하고 있는가?

나는 진지하게 나의 내면을 탐색하기 시작했다. 나에게 박혀 있는 믿음과 사고방식을 점검한 결과, 내가 입버릇처럼 부자가 되고 싶다고 말하면서도 실은 불안과 걱정이 항상 마음 한구석에 도사리고 있었다는 것을 깨달았다. 실패할까봐 두려웠고, 성공을 하더라도 그 후에 일이 틀어져서 그걸 모조리 잃게 될까봐 두려웠다. 그렇게 되면 정말로 아무것도 아닌 시시한 놈이 될 것이었다. 게다가 나를 지탱해주는 한 가지, 나에게 성공할 잠재력이 있다는 나의 믿음마저 사라질 것이었다. 내가 결국 성공할 수 없는 인물이라는 게 밝혀진다면, 평생 가난뱅이로 살아야 할 운명이라면 어쩔 것인가?

안다고 믿는 것과 진짜 아는 것

그러던 어느 날 행운이란 게 늘 그렇듯이, 상당한 재력가였던 아버지의 친구분에게 충고 한마디를 듣게 되었다. 카드게임을 하기 위해 아버지의 친구들이 우리 집에 모인 날, 그분이 지나가다가 나를 본 것이다. 내가 벌써 세 번째로 집에 기어들어와 아래층 스위트룸, 다시 말해 지하실에서 빌붙어 살고 있을 때였다. 아버지가 벌써 나의 변변치 못한 상태를 이야기했는지 그분이 가엾어하는 눈으로 날 쳐다보면서 이렇게 말했다.

"하브, 나도 처음에는 너하고 똑같았어. 되는 일이 없었단다."

'기분이 한결 나아지는군.'

난 속으로 생각했다. 하지만 못 들은 척 벽쪽을 쳐다보았다. 아저씨의 말이 이어졌다. "하지만 그 후에 내 인생을 바꾼 충고를 듣게 되었어. 너한테도 그걸 알려주고 싶다."

'이런, 제기랄, 아버지가 아들에게 하는 설교잖아. 이 사람은 내 아버지도 아닌데!'

마침내 그가 비밀을 알려주었다. "하브, 네가 원하는 만큼 일이 잘 안 풀리고 있다면, 그건 네가 모르는 게 있어서 그런 거란다."

당시에 꽤나 시건방졌던 나는 모든 걸 잘 안다고 생각하고 있었지만 슬프게도 나의 통장이 보여주는 현실은 달랐다. 그래서 나는 귀를 기울이기 시작했다. 아저씨가 계속 말했다.

"부자들의 생각이 비슷하다는 거 아니?"

"아뇨, 그런 생각은 못 해봤어요."

내가 대답하자 아저씨가 다시 말했다. "100퍼센트 정확한 건 아니다만, 대개의 경우 부자와 가난한 사람들의 생각은 전혀 달라. 그런 사고방식이 그들의 행동을 결정하고 결과도 결정하지. 부자들처럼 생각하고 행동하면 너도 부자가 될 수 있을까?"

나는 아주 자신 있게 대답했던 것 같다.

"그럴 것 같아요."

아저씨가 말했다. "그럼 너도 부자들처럼 생각하면 돼."

그때는 냉소적인 성향이 강했던 내가 반문했다.

"아저씨는 지금 무슨 생각을 하는데요?"

"부자들은 집중력이 있어. 그리고 내가 지금 집중할 일은 카드 게임이야. 친구들이 기다리고 있어서 난 이만."

아저씨는 자리를 떠났지만 그 말은 내 마음속 깊이 스며들었다.

내 인생은 어차피 잘 굴러가는 상태가 아니었다. 그러니 손해 볼 게 없었다. 나는 부자와 부자들의 생각을 연구해 보기로 마음먹었다.

인간의 정신적인 측면에는 여러 가지가 있지만 나는 주로 돈과 성공의 심리에 관심을 기울였다. 아저씨의 말은 사실이었다. 정말로 부자들의 생각은 가난한 사람이나 중산층 사람들과 달랐다.

결국 나는, 내가 부자가 되지 못하게 가로막는 것이 나 자신의 생각이라는 걸 깨달았다. 더 나아가 부자들과 똑같이 생각할 수 있도록 나의 생각을 재구성하는 실제적인 기법과 전략을 터득했다.

'생각은 할 만큼 했다. 이제, 시험을 해보자.'

마침내 나는 또 다른 사업을 시작하기로 결심했다. 그 당시 헬스 산업에 몸담고 있었던 관계로 스포츠용품 전문점을 차렸다. 돈이 없었기에 카드로 2,000달러를 대출받아 사업자금을 댔다.

그동안 연구한 부자들의 사고방식과 사업 전략을 본받기로 했다. 성공하기 위해, 게임에서 이기기 위해 헌신하는 것이 우선이었다. '집중할 것이다. 백만장자, 아니 억만장자가 될 때까지 이 사업을 접는다는 건 꿈에서도 생각하지 않겠다.'고 맹세했다. 전에 사업할 때와는 180도 다른 태도였다. 이전에는 또 다른 사업 아이템을 끊임없이 고민하거나 상황이 나빠지면 빠져나갈 구멍을 호시 탐탐 노리며 항상 단기적으로 생각했었다.

한편으로는 부정적이고 비생산적인 생각이 들 때마다 정신력을 길렀다. 전에는 내 머릿속에서 하는 말들이 전부 진실이라고 믿었다. 그러나 성공하는 데 가장 큰 장애물이 된다는 것을 알게 된 이상, 부자가 되겠다는 나의 비전에 전혀 보탬이 되지 못하는 생각은 가차 없이 버리기로 했다. 이 책에 나오는 원칙들을 하나 하나 다 사용했다. 효과가 있었냐고? 두말하면 잔소리다!

사업이 번창해서 불과 2년 반 만에 지점을 열 군데로 늘렸다. 〈포춘〉 500대 기업 중 한곳에 160만 달러를 받고 회사 지분의 반을 팔았다.

그 후 햇빛 좋은 캘리포니아로 내려가 샌디에이고 북쪽에 자리 잡았다. 2년쯤 나의 전략들을 연마하고 나서 일대일 비즈니스 컨설팅 사업을 시작했다. 고객들이 상당한 효과를 체험하고는 배우자와 친구, 동료들까지 연이어 데려왔다. 얼마 지나지 않아 10명, 때로는 20명을 앞에 두고 강의하게 되었다.

그중 어느 고객이 나에게 비즈니스 스쿨을 경영해 보라고 제안했다. 훌륭한 아이디어인 것 같아서 곧바로 실행에 옮겼다. 스트리트 스마트 비즈니스 스쿨Street Smart Business School을 세워 수천 명에게 빠르게 성공할 수 있고 트렌드를 선점할 수 있는 탁월한 사업 전략을 가르쳤다.

그렇게 미국과 캐나다를 넘나들며 열정적으로 세미나를 개최하는 동안 나는 이상한 점을 발견했다. 두 사람이 똑같은 공간에 나란히 앉아 똑같은 원칙과 전략을 배운다. 그런데 두 사람 중 한 사람은 배운 바를 활용하여 성공으로 직행하는 사람이 있는 반면 바로 옆에 앉아 있던 사람은? 말짱 도루묵이다!

머니 게임에서 승리하는 법

세계 최고의 '도구'를 갖고 있어도 그 '도구함'에(이 부분에서 나는 내 머리를 가리킨다.) 구멍이 뚫려 있다면 문제가 발생할 수밖에 없다는 사실이 다시 한번 명백해지는 순간이다.

아무리 뛰어난 원칙과 전략을 배웠더라도 당신의 마음이 그것을 받아들일 수 없으면 아무 소용이 없다. 그래서 나는 돈과 성공의 내면 게임을 바탕으로 한 '부자원칙 집중훈련'이라는 프로그램을 개발했고 이 강의를 들은 모든 사람들은 놀라운 결과를 얻어냈다! 당신도 이 책에서 그것을 배우게 될 것이다. 머니 게임에서 승리하기 위해 내면의 힘을 강화하는 법, 부자처럼 생각하여 부자가 되는 법을 말이다!

사람들이 나에게 자주 하는 질문이 있다.

"한 번에 대박을 터트렸나요?"

"지금도 계속 성공 가도를 달리고 있나요?"

대답은 이렇다. 내가 가르치고 있는 그 원칙들을 활용하여 수조 원의 돈을 벌어들이고 있으며, 이미 백만장자보다 몇 갑절 더 큰 부자가 되었다. 투자하거나 사업을 벌이는 족족 성공을 거두고 있다.

내가 관여하는 거의 모든 것들이 황금으로 변한다고 해서 나한테 '미다스의 손'을 가졌다고 말하는 사람도 있다. 맞는 말이긴 하지만 사실상 미다스의 손이라는 것은 성공을 위한 경제 청사진의 다른 표현에 불과하다. 이 책에 나온 원칙을 배우고 실천한다면 당신에게도 곧 이러한 경제 청사진이 생길 것이다.

세미나 초반에 나는 이런 질문을 한다.

"이 자리에 배우러 오셨습니까?"

약간 교묘한 질문이다. 작가 조시 빌링스Josh Billings의 말처럼 '우리가 성공하지 못하는 이유는 무엇을 몰라서가 아니다. 잘못된 것을 알고 있다는 것, 그것이 성공의 가장 큰 장애물이다.'

배우는 것뿐 아니라 '버리는' 것도 중요하다! 당신의 생각과 행동방식이 당신을 지금 이 자리에 데려다 놓았다는 사실을 깨달아야 한다.

당신이 지금 부자이고 진정으로 행복하다면 좋다. 그런데 만약 그렇지 않다면 당신의 도구함에 잘못된 내용물이 들어 있다는 가능성을 고려해야 한다. 이를테면 현재의 사고방식이 옳다거나 적

합하다고 믿어 의심치 않는 잘못된 생각들 말이다.

당신이 직접 시험해 보라는 뜻으로 "내 말을 믿지 말라."고 말했지만 이 책에 나와 있는 원칙들은 믿어주기 바란다. 나 혼자만의 생각이 아니라 이미 수많은 사람들이 이 원칙들로 인생을 바꾸었다.

믿음에 관하여 내가 좋아하는 이야기를 하나 들려주겠다. 어떤 남자가 절벽을 걷다가 균형을 잃고 미끄러져 떨어졌다. 다행히 그는 바위 턱을 부여잡을 수 있었고 필사적으로 거기에 매달렸다. 젖 먹던 힘까지 다해 매달리며 소리쳤다.

"거기 누구 없어요? 도와주세요!"

아무런 대답이 없다. 그는 계속해서 간절하게 소리친다.

"거기 누구 없어요? 나 좀 도와주세요!"

마침내 커다랗게 울리는 목소리가 들려왔다.

"나는 '신'이다. 내가 도와주마. 나를 믿고 손을 놓아라."

그다음에 들리는 소리는 이렇다.

"거기 다른 누구 없어요? 도와주세요!"

알겠는가? 삶을 더 높은 차원으로 끌어올리려면 과거의 생각과 행동방식을 일정 부분 버리고 새로운 것을 받아들여야 한다. 결국에는 결과가 이야기할 것이다.

1부

생각이 미래의
부를 결정한다

우리는 두 요소가 상충하면서도 공존하는 이중적인 세계에 살고 있다. 위와 아래, 빛과 어둠, 뜨거움과 차가움, 안과 밖, 빠름과 느림, 오른쪽과 왼쪽, 이외에도 수천 가지 예가 있다. 한쪽이 존재하려면 다른 쪽도 존재해야 한다. 왼쪽이 없는 오른쪽이 있을 수 있을까? 불가능하다. 이쪽의 하나 없이 다른 쪽 하나는 존재할 수 없다.

돈에 관해서도 마찬가지다. 돈의 외부 원칙이 있으면 내부 원칙도 있다. 사업 지식, 돈 관리법, 투자 전략 같은 것들이 외부 원칙이다. 이런 것은 필수적이다. 하지만 내부 원칙도 이에 못지않게 중요하다. 목수와 그의 장비를 예로 들어보자. 최신식 장비(외부 원칙)를 갖추고 있더라도 그 도구를 능숙하게 사용할 줄 아는 일류 목수(내부 원칙)가 아니라면 소용이 없다.

다시 말해 성공하려면 적절한 시간과 장소에 있는 것만으로는 충분치 않다. 적절한 시간과 장소에 제대로 된 생각을 가지고 있는 사람이 되어야 한다.

당신은 어떤 사람인가? 어떤 식으로 생각하는가? 무엇을 믿는가? 어떠한 습관과 기질을 가지고 있는가? 자신을 어떻게 바라보는가? 자신을 얼마나 신뢰하는가? 다른 사람들과의 관계는 어떤가? 타인을 얼마만큼 믿는가? 진심으로 부자가 될 자격이 있다고 생각하는가? 두려워도, 걱정스러워도, 불편해도, 귀찮아도 행동할 수 있는가? 내키지 않아도 행동할 수 있는가?

이렇듯 당신의 성격과 생각, 믿음이 성공을 판가름하는 요소이다.

작가 스튜어트 와일드Stuart Wilde는 이렇게 말했다.

"성공하려면 자신의 에너지를 높여라. 그러면 자연히 사람들이 당신에게 끌릴 것이다. 그들이 오면 청구서를 내밀어라!"

부와 성공은
경제 청사진에 따라 움직인다

파산한 사람들을 보았는가? 돈 많던 사람들이 왜 한순간에 망하는 걸까? 일생일대의 기회가 왔다고 생각했을 때 왜 그것이 부질없이 날아가 버리는 걸까? 겉으로 보기에는 경기 침체나 형편없는 동업자나 기타 무슨 이유로든, 단지 운이 없어서 그런 것 같다. 하지만 내면을 들여다보면 사뭇 다르다. 이것이 진짜 이유다. 내적으로 준비되지 않은 상태에서 큰돈과 마주치면, 그 돈은 금세 없어지고 기회는 사라진다.

왜 많은 사람들이 성공을 누리지 못할까? 막대한 돈과 성공을 창출하고 유지할 내적 능력이 없는 탓이다. 돈과 성공과 함께 따라오기 마련인 도전들을 감당할 능력이 없기 때문이다. 이것이 큰 돈을 벌지 못하는 일차적인 원인이다.

복권 당첨자들을 보라. 연구 결과에 의하면 그들이 얼마에 당첨되었건 간에 결국은 원래의 경제 상태로 돌아간다. 그들이 편안하게 다룰 수 있는 돈의 양만 쥐게 되는 것이다.

이에 비해서 자수성가한 부자들은 정반대다. 자수성가한 부자들은 돈을 잃으면 비교적 빠른 시간 내에 그 돈을 모두 되찾는다. 도널드 트럼프가 좋은 사례다. 트럼프는 수십억 자산가였다가 빈털터리가 되었다. 하지만 불과 2년 후에 다시 그 이상의 자산을 가진 부자가 되었다.

어떻게 이런 일이 가능할까? 자수성가한 부자들은 돈을 잃더라도 그들의 성공에 가장 핵심적인 요소인 백만장자의 마인드만큼은 잃지 않기 때문이다. 물론 도널드의 경우에는 억만장자 마인드라고 해야겠다. 도널드 트럼프는 단순한 백만장자에 머물 수가 없다. 그의 순자산이 백만 달러라면 그가 자신의 경제상태를 어떻게 생각할까? 아마 파산으로, 경제적으로 실패했다고 생각할 것이다.

왜냐하면 도널드 트럼프의 경제적인 '자동온도 조절기'가 수십억이 아닌 수백억으로 맞춰져 있어서 그렇다. 웬만한 사람들의 경제적인 온도조절기는 수억이 아닌 수천만 정도 수준에 맞춰져 있다. 수천만이 아닌 수백만에 맞춰진 사람도 있고, 개중에는 마이너스에 맞춰놓은 사람도 있다. 영하권 온도에서 몸이 얼어가고 있는 데도 그들은 이유를 알지 못한다!

잠재력을 충분히 발휘하며 사는 사람은 그리 많지 않다. 성공하는 사람도 드물다. 연구결과에 의하면 80퍼센트가 자신이 바라는 만큼의 경제적인 자유를 누리지 못하고 80퍼센트는 진정한 행복을 느끼지 못한다.

이유는 간단하다. 그들의 의식이 깨어 있지 않아서다. 그들은 쳇바퀴에서 졸고 있다. 피상적인 수준에서 눈에 보이는 것만을 중심으로 생각한다. 그들은 오로지 눈에 보이는 세상에만 머물러 있다.

뿌리가 있으므로 열매가 열린다

여기 나무 한 그루가 있다. 이 나무를 인생의 나무라 생각하자. 나무에 열매들이 달려 있다. 자신의 삶으로 치면 열매는 자신이 만들어낸 결과물이다. 그러나 그 열매(자신의 결과)들을 보니 마음에 흡족하지 않다. 열매의 개수가 적다, 크기가 작다, 맛이 없다…….

이제 어떻게 해야 할까? 대부분 결과에 더 신경을 쓰고 관심을 기울인다. 하지만 실제로 열매를 만들어내는 것은 무엇인가? 씨앗과 뿌리, 그것이 열매를 만들어내는 근원이다.

땅 위에 있는 존재를 만들어내는 것은 땅속에 있는 것이다. 눈에 보이지 않는 것이 눈에 보이는 것을 창조한다. 이게 무슨 뜻일까? 열매가 달라지길 바란다면 우선 뿌리가 달라져야 한다는 말이다. 눈에 보이는 것을 바꾸고 싶으면 보이지 않는 것을 먼저 바꿔야 한다.

"볼 수 있어야 믿을 수 있다."고 말하는 사람도 있다. 이 말에 동의하는 사람들에게 하나 물어보고 싶다. "보이지 않는 전기요금은 왜 냅니까?" 전기는 눈에 보이지 않지만 그 힘을 느낄 수 있고 사용할 수 있다. 전기가 정말 존재하는지 의심스러우면 코드 꽂는 구멍에 손가락을 넣어보라. 당장 의심이 사라질 것이다.

보이는 것보다 보이지 않는 것의 힘이 훨씬 강력하다. 이 말에 반박하는 사람들은 아마 그만큼 힘든 삶을 살고 있을 것이다. 그들이 자연의 원칙과 반대로 가고 있기 때문이다.

'땅속의 것이 땅 위의 것을 만들어내고, 보이지 않는 것이 보이는 것을 생산한다.' 이것이 자연의 원칙이다.

인간은 자연을 넘어설 수 없는 자연의 일부분이다. 따라서 자신의 내면세계(자신의 뿌리)를 자연의 원칙과 나란히 두고 갈 때 삶의 흐름이 물의 흐름처럼 매끄러워진다. 그 반대의 경우에는 삶이 고달파진다.

지구상의 어떤 숲, 어떤 농장, 어떤 과수원이든지, 땅속에 있는 것이 땅 위의 것을 만든다. 그러니 이미 자라버린 열매에 관심을 기울여 봤자 소용없는 짓이다. 나무에 벌써 매달려 있는 열매를 다르게 바꿀 수 없다. 하지만 다음 해에 나올 열매는 다르게 만들 수 있다. 그렇게 하려면 땅속을 파서 뿌리를 튼튼하게 만들어야 한다.

우리가 사는 세상은 하나의 영역으로만 이루어져 있지 않다. 최소한 4가지의 다른 영역이 있다. 육체Physical, 정신Mind, 감정Emotion, 영혼Spirit의 세계가 그것이다. 그런데 육체적(물리적)인 세계는 다른 3가지 영역의 '인쇄물'에 불과하다는 사실을 망각하는 사람들이 많다.

세상의 4영역

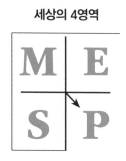

예를 들어 컴퓨터로 편지 한 장을 썼다고 가정해 보자. 인쇄하기를 누르면 프린터에서 편지가 빠져나온다. 인쇄물을 보니, 아니 이런, 오자가 있는 게 아닌가. 그래서 잘 지워지는 지우개로 틀린 글자를 지운다. 그 후에 다시 인쇄하기를 눌렀는데 이번에도 똑같은 오자가 있다.

이게 어떻게 된 일이지? 방금 분명히 지웠는데! 이번에는 더 커다란 지우개로 더 열심히 오랫동안 박박 지운다. 《효과적인 지우개 사용법》이라는 300페이지짜리 안내서까지 연구해 본다. 이제 필요한 도구를 다 갖췄고 필요한 지식도 다 알아냈다. 만반의 준비가 되었다. 인쇄하기를 다시 눌렀는데 또 그대로다! "이럴 수가!" 기가 막혀서 비명이 터진다. "왜 이래? 대체 무슨 일이야? 내 눈이 잘못됐나?"

인쇄물, 즉 물리적 세계에서는 문제를 수정할 수 없다. 프로그램에 입력되어 있는 정보, 즉 정신과 감정과 영적 세계에 입력된 정보를 바꿔야만 문제가 해결될 수 있다.

돈은 결과다, 부자는 결과다, 건강도 결과다, 질병도 결과다, 당신의 몸무게도 결과다. 우리는 원인과 결과의 세상에 살고 있다. 원인이 있기에 결과가 있는 세상 말이다. 혹시 돈이 없는 건 문제가 되지 않는다고 말하는 사람이 있는가? 이제 내 말을 들어보라. 돈이 없는 건, 전혀, 절대로, 결코, 문제가 아니다. 그 이면에서 진행되고 있는 문제가 드러내는 증상일 뿐이다.

돈이 없다는 건 결과다. 그 원인이 되는 뿌리는 무엇인가? 간단히 말해 외적인 세상을 바꾸는 방법은 오직 하나, 내적인 세계를 바꾸는 것이다.

당신의 결과는 어떤가? 부자이건 가난하건, 좋은 결과이건 나쁜 결과이건, 긍정적인 일이건 부정적인 일이건, 무엇이든 '당신의 외적인 세계는 내적인 세계를 비추는 거울일 뿐'이라는 점을 기억해야 한다. 겉보기에 인생이 잘 돌아가지 않는다면 내면에서 뭔가 잘못 돌아가고 있다는 증거이다.

내면의 변화를 나에게 강력히 선언한다

우리 세미나에서는 빨리 배울 수 있도록, 배운 것을 더 많이 기억할 수 있도록 학습 촉진 기법을 사용한다. 중요한 건 체험이다. '들은 것은 잊어버리고, 본 것은 기억하며, 직접 해본 것은 이해한다.'라는 옛말은 분명한 사실이다.

따라서 이 책에서도 한 가지 중요한 원칙을 설명하고 마무리할 때마다 가슴에 손을 얹고 '선언'을 한다. 그다음에 집게손가락을 머리를 대고 다시 한번 선언을 한다. 선언이라는 게 뭔가? 큰 소리로 단호하게 긍정적인 말을 외치는 것이다.

선언이 왜 중요할까? 모든 것은 '에너지'로 이루어지기 때문이다. 모든 에너지의 흐름에는 빈도와 진동이 필수적이다. 선언을 할 때마다 진동이 생기고 빈도가 늘어난다. 큰 소리로 선언을 하면 그 에너지가 몸속에 있는 세포 하나하나를 진동시키며 자신의 몸에 독특한 반향을 일으킨다. 선언은 우주에 특별한 메시지를 보내는 것뿐 아니라 당신의 무의식에 강력한 메시지를 보내는 일이다.

선언과 확언이 언뜻 비슷한 것 같지만 둘 사이에 분명한 차이가 있다. 확언이란 '이루고자 하는 목표가 이미 이루어지고 있는 것처럼 단언하는 긍정적인 진술'이다. 선언이란 '특정 상태를 선택하거나 특정 행동을 감당하려 하는 공식적인 진술'이다.

확언은 목표가 이미 이루어졌다고 말한다. 그런데 문제는 아직 현실적으로 일어나지 않은 일을 일어난 것처럼 확언할 때 우리 머릿속의 작은 목소리가 '이건 사실이 아니야, 헛소리야.'라고 반응할 때가 많다는 점이다.

반면에 선언은 그것이 사실이라고 말하지 않는다. 무엇이 되겠다는 의지나 행동하려는 의지가 있다고 말한다. 이 정도는 머릿속의 작은 목소리도 수긍할 만하다. 지금 당장은 사실이 아니지만 앞으로 그렇게 하겠다고 밝히는 것이기 때문이다. 더욱이 선언은 공식적이다. 자신에게, 그리고 우주에게로 보내고자 하는 에너지를 공식적으로 밝힌다. 선언의 정의에 '행동'이라는 중요한 단어도 포함되어 있다. 목적을 현실로 이루려면 필요한 모든 행동을 취해야 하기 때문이다.

매일 아침저녁 큰 소리로, 선언을 하라. 거울을 보며 선언하면 훨씬 효과적이다.

솔직히 처음에 이런 말을 들었을 때 난 이렇게 말했다. "말도 안 돼. 선언이라니, 헛소리하지 마." 하지만 당시에 내가 파산 상태였기 때문에 '까짓거, 손해볼 거 없다.'고 생각했고, 시험 삼아 해보기 시작했다. 그 결과, 지금 나는 부자다! 나는 선언의 효과를 믿어 의심치 않는다.

쿨한 척하면서 한푼 두푼에 절절 매는 것보다는 헛소리든 뭐든 부자가 되는 쪽이 나을 것 같다. 당신의 생각은 어떤가?

같은 생각이라면 이제, 아래 나오는 말을 따라해보라.

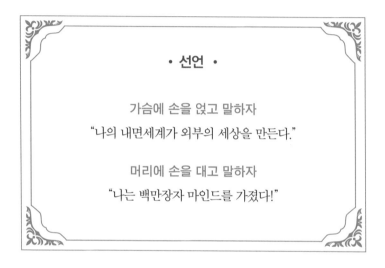

• 선언 •

가슴에 손을 얹고 말하자
"나의 내면세계가 외부의 세상을 만든다."

머리에 손을 대고 말하자
"나는 백만장자 마인드를 가졌다!"

과거의 경험이
나를 지배하고 있다

경제 청사진 점검하기

라디오나 텔레비전에 출연할 때마다 내가 즐겨 하는 말이 있다. "5분만 주십시오. 그럼 당신의 경제적인 미래를 알아맞힐 수 있습니다."

어떻게 아냐고? 잠깐 대화를 나눠보면 그 사람의 돈과 성공에 관한 '청사진'을 파악할 수 있다. 사람들은 저마다 무의식 속에 돈과 성공에 대한 그림을 그려두고 있다. 다른 무엇보다도 이 청사진이 당신의 경제적인 운명을 좌우한다.

돈에 대한 청사진은 무엇인가? 말하자면 건물의 청사진과 비슷한 개념이다. 건물의 청사진이 그 건물에 대해 미리 세워둔 계획 또는 디자인인 것처럼 경제 청사진은 당신이 돈에 관하여 미리 짜 놓은 프로그램 또는 돈과 관계하는 방식이다.

이쯤에서 아주 중요한 공식 하나를 배워보자. 당신의 현실에, 그리고 부를 창출하는 데 지대한 영향을 미치는 공식이다. 잠재력 계발 분야의 스승들도 이 공식을 토대로 가르치고 있다. '명시 과 정'이라고도 부른다.

$$T \rightarrow F \rightarrow A = R$$

(T-Thoughts, F-Feelings, A-Actions, R-Results)

생각이 감정을 낳는다.
감정이 행동을 낳는다.
행동이 결과를 낳는다.

경제 청사진에는 돈과 관련된 당신의 생각, 감정, 행동이 모두 혼합되어 있다. 이러한 경제 청사진이 어떻게 형성되는가? 답은 간단하다. 과거에 특히 어렸을 때 당신이 받아들인 정보 혹은 경험이 기초를 이룬다.

일차적으로 이런 정보와 경험의 배경은 부모님, 형제자매, 친구, 권위를 지닌 인물, 선생님, 종교적인 리더, 언론매체, 자신이 속해 있는 문화 등이다.

문화를 생각해 보자. 돈에 관한 생각이나 돈을 다루는 방식이 각 문화권마다 다르다는 건 알고 있을 것이다. 아이가 엄마 뱃속에서 나올 때부터 돈에 관한 태도를 정해두었을까, 아니면 후천적으로 그것을 배우는 것일까? 그렇다. 아이들은 돈에 관한 사고방식과 행동방식을 모두 나중에 배운다.

여러분도 나도 누구나 다 그렇다. 우리는 돈에 대해 어떻게 생각하고 어떻게 행동해야 하는지 배우며 자랐다. 이렇게 부지불식간에 배운 것들이 프로그래밍되어 살아가는 내내 자동적으로 나타난다. 물론 '돈에 대한 마인드'를 바꾸지 않는 한 그렇다는 이야기다. 이 책의 목적이 바로 여기에 있다.

생각이 감정을 낳고, 감정이 행동을 낳고, 행동이 결과를 낳는다고 했다. 이 부분에서 재미있는 질문을 하나 해보자. 당신의 생각은 어디서 나온 것일까? 왜 옆에 있는 사람의 생각과 다를까?

우리의 생각은 마음속에 있는 정보창고에서 나온다. 그러면 이 정보들은 또 어디서 나오는가? 과거의 프로그래밍에서 나온다. 그렇다. 당신의 과거 프로그래밍이 모든 생각을 불러일으킨다.

이러한 이해를 바탕으로 이제 우리는 '명시 과정'을 다음과 같이 고쳐 쓸 수 있다.

$$P \rightarrow T \rightarrow F \rightarrow A = R$$

과거의 경험에서 만들어진 프로그래밍Programming이 생각을 낳는다. 생각이 감정을 낳는다. 감정이 행동을 낳는다. 행동이 결과를 낳는다.

이 과정에 따르면 내 안에 이미 짜여 있는 프로그램을 바꾸어야 한다.

인간은 어떻게 형성되는가? 우리는 돈을 포함한 삶의 모든 영역에서 아래의 3가지 기본 방식에서 영향을 받고 생각과 행동방식이 형성된다.

- 어린 시절 어떤 말을 듣고 자랐는가
- 어린 시절 누구를 보고 자랐는가
- 어린 시절 어떤 특별한 경험을 했는가

이 3가지 측면을 이해하는 게 중요하므로 하나씩 차례로 살펴보기로 하자. 이런 식으로 당신이 가지고 있는 돈에 대한, 부에 대한 경제 청사진의 원인과 결과를 살펴보고 2부에서는 부와 성공쪽으로 경제 청사진을 새롭게 세팅하는 작업을 할 것이다.

경제 청사진을 만든 첫 번째 영향
어린 시절 어떤 말을 듣고 자랐는가

이는 '자라는 동안 돈에 대해, 부에 대해, 부자에 대해서 어떤 말을 들었는가?' 하는 부분이다.

당신은 혹시 이런 말을 듣고 자랐는가? ─ 돈은 모든 악의 근원이다, 궂은 날을 위해 돈을 저축해야 한다, 부자들은 탐욕스럽다, 부자들은 죄인이다, 더러운 부자 놈들, 돈을 벌려면 열심히 일해야 한다, 땅을 파보라 돈이 나오나, 부자는 독실한 신앙인이 아니다, 돈으로 행복을 살 수 없다, 돈이면 다 돼, 부자는 점점 부자가 되고 가난뱅이는 점점 더 가난해진다, 우리 같은 사람한테는 그런 게 어울리지 않아, 모두 부자가 될 수는 없어, 아무리 많아도 부족해, 우리는 그럴 여유가 없어…….

나는 어렸을 때 아버지에게 용돈을 달라고 할 때마다 이런 빈정거림을 들었다. "내가 뭘로 보이냐…… 돈으로 보이냐?" 난 농담 삼아 대답했다. "그럼 얼마나 좋겠어요. 팔 하나, 손 하나, 손가락 하나 가져갈 수 있잖아요." 아버지는 내 농담에 단 한번도 웃지 않았다.

문제는, 어렸을 때 돈에 대해 들었던 말들이 모두 당신의 무의식에 남아 있다는 점이다. 이런 말들은 의식하지 못하는 사이에 당신의 경제적인 생활을 운영해 나가는 청사진의 일부로 자리 잡는다.

귀로 듣는 말의 영향력은 대단히 강력하다. 내 아들 제시가 세 살쯤이었을 때 나한테 달려와 잔뜩 흥분한 목소리로 말했다. "아빠, 닌자 거북이 보러 가요. 동네 영화관에서 한대요." 나는 이제 겨우 걸음마 정도 하는 아이가 우리 동네 영화관의 프로까지 어떻게 다 알고 있는 건지 도저히 이해가 되지 않았다. 두 시간 후 텔레비전 광고를 보다가 해답을 얻었다. 영화 광고 마지막에 이런 말이 나왔다. "지금 여러분의 동네 영화관에서 상영 중입니다."

또 하나 사례를 들어보겠다. 우리 세미나에 스티븐이라는 남자가 참석했는데 그는 돈을 버는 데는 아무 문제가 없었지만 그 돈을 유지하는 데 심각한 문제를 겪고 있었다.

스티븐이 세미나에 참석했을 당시 그의 연봉은 80만 달러가 넘었고 9년 동안 계속해서 그만큼 벌고 있었다. 그런데 웬일인지 그의 수중에는 항상 돈이 남아 있지를 않았다. 자신이 쓰거나, 빌려주거나, 그것도 아니면 투자를 잘못해서 다 날려버렸다. 왜 그런지 모르지만 그의 순자산은 언제나 정확히 제로 상태였다!

스티븐의 이야기를 들어보니, 그는 엄마에게 이런 말을 들으며 자랐다고 한다. "부자들은 욕심쟁이야. 가난한 사람의 뼛골을 빼내서 자기들 배를 채워. 살아갈 만큼만 있으면 돼. 그보다 많으면 더러운 돼지가 되는 거야." 스티븐의 무의식 속에서 벌어지는 일을 짐작할 만했다. 그가 무일푼 상태인 게 하나도 이상하지 않았다.

어머니의 말이 머리에 박혀서 그는 부자들이 욕심쟁이라고 믿게 되었다. 돈과 욕심이 언제나 하나로 묶여 있었고 둘 다 당연히 나쁜 것이었다. 나쁜 사람이 되고 싶지 않았기 때문에 그의 무의식은 부자가 되지 않으려고 발버둥쳤다.

스티븐은 엄마를 사랑했고 엄마가 싫어하는 사람이 되고 싶지 않았다. 그가 부자가 되면 어머니는 자신의 믿음을 근거로 그것을 좋게 받아들이지 않을 것이었다. 그래서 그는 수중에 있는 돈이 일정 수준을 넘어서면 그때마다 돈을 없애버려야 했다. 안 그러면 더러운 돼지 취급을 받을 테니까!

엄마나 다른 사람의 기분을 맞춰주기 위해 근근이 살아가겠나, 부자가 되겠나, 둘 중 하나를 선택하라고 하면 대부분이 부자가 되는 쪽을 택하겠다고 할 것이다. 과연 정말 그럴까? 천만의 말씀이다! 사람의 마음이라는 것은 그렇게 논리적으로 굴러가지 않는다. 부자가 되는 쪽이 논리적인 선택인 듯하지만 뿌리 깊게 박힌 감정과 논리 사이에서 선택해야 할 때 무의식은 거의 언제나 감정을 선택한다.

하던 이야기로 돌아가자. 세미나를 진행하는 동안 스티븐의 경제 청사진은 극적으로 바뀌었다. 그리고 불과 2년 만에 무일푼 상태에서 백만장자로 올라섰다.

스티븐은 자신의 비생산적인 믿음이 어머니의 영향이라는 것을 깨닫기 시작했다. 어머니로부터 습득된 정보를 답습한 것일 뿐 자신의 믿음이 아니라는 것을 알게 되었다. 그 후에 우리는 그가 부자가 되더라도 어머니가 싫어하지 않을 수 있는 전략을 짜도록 도와주었다. 그건 아주 간단한 일이었다.

그의 어머니는 하와이를 좋아했다. 그래서 스티븐은 마우이 해변이 바라다보이는 콘도를 구입해서 어머니가 겨울 내내 그곳에서 지내게 해드렸다. 어머니는 천국에 있는 듯한 기분이었고 아들도 마찬가지였다. 어머니는 이제 부자 아들을 둔 게 흡족했고 사람들에게 아들 자랑을 하기 바빴다. 게다가 아들은 1년의 반 이상을 어머니에게 휘둘릴 필요가 없었다. 환상적인 해결책이지 않은가!

내 경우에는 사업이 날로 번창하는 것에 비해서 유독 주식 쪽에서는 별 재미를 보지 못했다. 나의 경제 청사진을 인식한 후에 어렸을 때의 기억을 더듬어보니 아버지가 항상 식탁에서 신문을 펼쳐 들고 주가를 확인하고는 주먹을 쿵 내려치며 "빌어먹을 주식!"이라고 소리쳤던 일이 떠올랐다. 그다음에 아버지는 주식 거래 시스템이 잘못되어 있다는 둥, 라스베이거스에 가서 슬롯머신을 하는 게 차라리 돈 벌 확률이 높겠다는 푸념을 30분가량 늘어놓았다.

귀로 듣는 말의 힘이 얼마나 위력적인지 알고 있는 이상, 내가 주식시장에서 재미를 보지 못한 것도 당연하지 않겠는가? 나는 실패할 수밖에 없도록 프로그래밍되어 있었다. 무의식적으로 돈이 안 되는 주식을, 터무니없는 가격에, 완전히 부적절한 시기에 살 수밖에 없게끔 조정당하고 있었다. 이유는? 아버지로부터 습득된 "빌어먹을 주식!"이라는, 이미 형성된 주식에 대한 나의 생각을 현실에서 확인해야 했기 때문이다.

내 안의 '경제적인 정원'에서 자라는 이 엄청나게 많은 독초들을 뽑아내고 나서야 나는 풍성한 결실을 거두기 시작했다. 돈에 대한 생각들을 새롭게 세팅하고부터 내가 고른 주식들이 붐을 타기 시작했고 그 후로 계속 주식시장에서 놀라운 성공을 거두고 있다. 믿을 수 없는 일이라고 생각하겠지만 경제 청사진의 작동 방식을 확실히 알면 저절로 고개가 끄덕여질 것이다.

이미 형성된 당신의 무의식이 당신의 생각을 좌우한다. 생각이 결정을 만들고, 결정이 행동을 만들며, 행동이 결과를 만든다. 경제 청사진을 새롭게 프로그래밍하기 위해서는 4가지 핵심 변화 요소가 필요하다. 그 하나하나가 간단하면서도 강력한 위력을 지닌다.

변화를 유도하는 첫 번째 요소는 '인식'이다. 경제 청사진이 존재한다는 것을 인식하지 못하면 무엇 하나 바꿀 수 없다.

두 번째 요소는 '자기이해'다. 당신의 사고방식이 어디서 생겨났는지 이해할 때 그것이 당신의 밖에서 주입된 것임을 깨달을 수 있다.

세 번째 요소는 '변화 선택'이다. 이런 사고방식이 진정 자신의 것이 아님을 깨달았다면 그것과 자신을 분리시켜 계속 간직할 것인지 내보낼 것인지 판단할 수 있다. 현재 자신의 모습과 내일 가고자 하는 방향을 근거로 사고방식을 선택할 수 있다는 말이다. 우리 마음속의 사고방식을 분석해 보면 그것이 실은 오래전, 아주 오래전에 쟁여놓았던 정보의 집합으로서 지금의 당신에게는 더이상 가치가 없거나 진실이 아닐 수 있는 것들도 다수 포함되어 있다는 사실을 알게 될 것이다.

네 번째 요소는 '새로운 프로그래밍으로의 세팅'이다. 2부에서 이 내용으로 부를 창출하는 백만장자 마인드를 다룰 예정이다. 돈과 성공을 위한 힘이 평생 우러나올 수 있는 단계로까지 발전하기 위해 심도 깊은 훈련과 체험 수련으로 재구성된 무의식을 심을 수 있을 것이다.

변화를 끝까지 유지해 나가기 위해서는 지속적인 지원과 잦은 노출이 중요하다. 자, 이제 당신의 경제 청사진을 수정하기 위해 거쳐야 할 단계를 정리해보자.

나의 경제 청사진을 바꾸는 4단계

인식	어렸을 때 돈에 대해, 부에 대해, 부자에 대해서 어떤 말들을 들었는가? 기억나는 대로 다 적어보라.
자기이해	이런 말들이 당신의 경제 상태에 어떤 영향을 미쳤

다고 생각하는가? 당신의 생각을 적어보라.

변화 선택 그 생각들은 주입된 것일 뿐 당신의 것이 아니며, 지
금의 당신 모습과도 어울리지 않는다는 걸 알겠는
가? 당신에게는 변화를 선택할 권리가 있다.

선언 가슴에 손을 얹고 말하자.

"돈에 대해 들었던 그 말들은 사실이 아니다. 나의
행복과 성공에 도움이 되는 새로운 사고방식을 선
택하겠다."

그리고 머리에 손을 대고 말하자.

"나는 백만장자 마인드를 가졌다."

경제 청사진을 만든 두 번째 영향
어린 시절 누구를 보고 자랐는가

이는 '어떤 사람들을 보고 자랐는가?' 하는 질문과도 같다. 눈으
로 본 것들이 우리 마음속에 여러 가지 조건들을 규정하기 때문이
다. 부모님이나 가깝게 지내던 어른들이 돈에 관해서 어떤 모습을
보여주었나? 돈을 잘 관리했는가, 아니면 돈 관리에 소홀했는가?
쓸 만큼 쓰면서 살자 주의였나, 저축해야 한다는 주의였나? 영리
한 투자가였나, 전혀 투자를 하지 않았나? 위험을 감수하고 뛰어

드는 편이었나, 보수적으로 유지하는 편이었나? 꾸준하게 돈이 들어왔는가, 드문드문 수입이 생겼는가? 수월하게 돈을 버는 가정이었나, 아등바등했던 가정이었나? 돈으로 즐거움을 누렸는가, 돈 때문에 자주 싸웠는가?

이런 정보가 왜 중요할까? '원숭이는 본 대로 배운다.'고 한다. 인간이라고 다를 것 없다. 원숭이나 인간이나 좋은 본보기가 있어야 잘 배울 수 있다. 아이들은 특히 눈을 통하여 모든 것을 배운다. 인정하기 싫겠지만 '부전자전', '사과는 제 나무에서 가까운 곳에 떨어진다.', '자식은 부모를 따라가게 마련이다.'라는 말들은 동서고금의 진리이다.

이렇게 말하다 보니 어느 여인에 대한 이야기가 생각난다. 그녀가 저녁 식사로 햄을 준비하고 있었는데 햄의 양쪽 끝을 다 잘라내는 걸 보고 남편이 당황해서 물었다. "햄의 양쪽 끝을 왜 다 자르는 거요?" 그녀가 대답했다. "엄마가 이렇게 요리했어요." 우연히 그날 밤에 그녀의 엄마가 저녁 식사를 하러 들르셨다. 그래서 아내와 남편은 햄의 양쪽 끝을 왜 잘라버렸냐고 물었다. 엄마가 대답하기를 "나의 어머니가 그렇게 요리하셨거든." 그래서 그들은 할머니에게 전화를 걸어 왜 햄의 양쪽 끝을 떼어냈냐고 물었다. 대답은? "프라이팬이 너무 작아서 그랬단다!"

일반적으로 우리는 돈에 관해 부모님 중 한 분을 닮거나 두 분의 모습을 다 닮는 경향이 있다.

예를 들어보자. 나의 아버지는 주택 건설업을 하셨는데 적을 때는 10채, 많을 때는 100채까지 집을 짓곤 했다. 한번 집을 지을 때마다 어마어마한 자금이 들어갔다. 아버지는 우리가 가진 것을 다 담보로 걸고 은행에서 상당한 금액을 대출받아야 했다. 따라서 집을 팔아 현금을 융통할 수 있기 전에는 항상 빚을 진 상태였고 돈 문제로 전전긍긍했다.

이런 시기에 아버지의 기분이 좋을 리 없었다. 당연히 관대하지도 않았다. 내가 무슨 일 때문에 돈을 좀 달라고 하면 으레 돌아오는 대답은 "내가 뭘로 보이냐, 돈으로 보이냐?" 이 말 다음에 "너 미쳤냐?"였다. 물론 내가 받은 것은 애초에 받으려 했던 동전 몇 개가 아니라 '다시는 그런 소리 하지 마.'라는 식으로 노려보는 시선이었다. 이런 눈초리가 어떤지 다들 알 것이다.

지은 집이 팔릴 때까지 1년이나 2년간 이런 상황이 반복된다. 그 후에 집이 팔리고 나면 그야말로 돈통에서 헤엄치는 것 같았다. 아버지는 전혀 다른 사람이 되었다. 유쾌하고 친절하고 아주 관대해졌다. 내가 요구하지도 않았는데 "용돈 줄까?" 하고 물어보기까지 했다. 난 아버지가 전에 했던 그대로 노려보고 싶었지만 그 정도로 멍청하진 않았던지라 그저 한마디만 했다. "고맙습니다."

좋은 시절은 그렇게 흘러가고……. 시간이 지나면 또다시 아버지가 집에 돌아와 "좋은 땅을 찾았어. 다시 집을 지어야겠어."라고 말하는 끔찍한 날이 닥친다. 그럴 때면 나는 "아버지, 건투를 빌게요."라고 답하면서도 다시 시작될 힘겨운 나날들을 떠올리며 심장이 철렁 내려앉곤 했다. 내 기억이 살아 있는 여섯 살 때쯤부터 스물한 살 때까지 이런 과정은 계속되었다. 스물한 살, 내가 부모님의 집을 떠나 독립했을 때에야 이 반복의 고리가 끊어졌다. 아니, 그렇게 생각했다.

학교를 마치고 독립한 다음 아마 짐작할 수 있겠지만, 나도 건설업에 뛰어들었다. 그러고선 프로젝트에 따라 사업을 벌였다 접으며 다른 몇 가지 사업을 전전했다. 이상하게 돈을 조금 벌었다 싶어도 시간이 지나면 금세 빈털터리가 되었다. 세상 꼭대기에 앉으리라 호언장담하며 또 다른 사업에 뛰어들었지만 1년 뒤에는 또다시 밑바닥으로 떨어졌다. 이렇게 오르락내리락하던 패턴이 근 10년간 계속되었다. 그 후에야 내가 사업 선택을 잘못했거나 동업자나 직원, 경제상황, 혹은 상황이 잘 풀린다 싶을 때 일을 그만두려는 나의 성향 때문이 아니라, 다른 곳에 문제가 있을 수 있겠다는 생각이 들었다. 마침내 어쩌면, 정말 어쩌면, 내가 무의식적으로 아버지의 변덕스러운 수입 패턴을 답습하고 있는 건지도 모르겠다고 인지했다.

이 말을 꼭 하고 싶다. 나는 감사하게도 '백만장자 마인드'를 깨달았고, 그 변덕스러운 패턴에서 벗어나기 위해 과거로부터 형성된 나의 프로그래밍을 다시 세팅했다. 그래서 지속적으로 소득이 증가하는 지점으로 나를 이끌어갈 수 있었다. 지금도 상황이 잘 돌아갈 때 예전의 나쁜 버릇(성공을 일부러 방해하려는 충동)이 가끔씩 고개를 쳐든다. 하지만 이제는 내 머리에 다른 정보가 들어 있어서 이런 감정을 파악하고 "알려줘서 고맙다. 이제 정신 차리고 다시 일하자."라고 말해준다.

플로리다주 올랜도에서 세미나를 할 때 있었던 일이다. 평소처럼 사람들이 한 명씩 무대로 나와 인사말이나 감사의 말 혹은 하고 싶은 말들을 하고 있었다. 그런데 나이 지긋한 신사 한 분이 흐느끼며 무대로 올라왔다. 울음을 간신히 참으며 소매로 연신 눈물을 닦아내기에 내가 왜 그러냐고 물었다. 그는 이렇게 대답했다.

"내가 지금 예순세 살인데, 책도 읽고 세미나에도 수없이 들락거렸습니다. 강사들이 가르쳐준 대로 다 따라했습니다. 주식이나 부동산에도 손대보고 사업도 10가지 이상 해봤습니다. 대학에 가서 MBA도 땄어요. 일반 사람 열 명을 합친 것만큼 지식을 쌓았어요. 그런데 난 경제적으로 성공하지 못했습니다. 시작은 항상 좋았는데 빈손으로 끝이 났어요. 그 오랜 세월을 이유도 모른 채 지냈습니다. 내가 평범한 사람이라서 늙은 바보라서 그런가보다 생각했습니다. 그런데 오늘 당신의 말을 듣고 훈련해 보니, 모든 게 납득이 됩니다. 나한테 문제가 있었던 게 아니었어요. 내 의식 속에 박혀 있는 아버지의 경제 청사진이 나를 지배했던 겁니다. 아버지는 공황 시대를 겪었어요. 매일 일거리를 찾으러, 물건을 팔러 나갔다가, 빈손으로 돌아왔죠. 오늘 배운 내용을 40년 전에 알았더라면 얼마나 좋았을까요. 지금까지 허비한 시간이, 지금까지 배웠던 지식이 다 소용없지 않습니까." 그가 더 격하게 울기 시작했다.

내가 대답했다. "지식을 얻는 데 들인 시간을 절대 허비한 게 아닙니다! '마인드 은행'에 숨어 실력 발휘할 기회를 기다리고 있을 뿐이죠. 이제 성공 청사진을 만들었으니까 그간 배웠던 것들이 다 자원이 되어 성공에 추진력을 달아줄 겁니다."

진실은 들으면 알 수 있는 법이다. 그가 감정을 추스르더니 크게 심호흡을 하고는 환하게 미소 지으며 나를 힘껏 끌어안았다. "고맙습니다, 고마워요, 고마워요!" 얼마 전에 그는 모든 일이 잘 풀리고 있다는 소식을 전해왔다. 지난 18개월 동안 지금까지의 18년을 다 합한 것보다 많은 돈을 벌었다고 했다. 나도 정말 기쁘다!

다시 말하지만 세상 모든 지식과 기술을 갖고 있어도 당신의 꿈(경제 청사진)이 성공 쪽으로 설계되어 있지 않으면 경제적인 성공은 남의 나라 이야기다.

우리 세미나에 참석하는 사람들의 부모님은 대개 2차 세계대전이나 대공황을 거쳐오신 분들이다. 그런 부모님의 경험이 자식 세대의 돈에 관한 믿음과 습관에 얼마나 큰 영향을 미쳤을지 짐작하고도 남는다. 어떤 사람은 '돈이란 언제 사라질지 모르는 거야. 있을 때 즐기며 살아야 돼.'라는 무의식의 주문에 따라 미친 듯이 돈을 써댄다. 반대의 경로를 밟는 사람들은 '궂은 날을 위해 저축해야 한다.'는 주문에 따라 허리띠를 졸라매고 돈을 모은다.

여기서 하나 짚고 넘어가자. 궂은 날을 위해 저축해야 한다는 생각이 그럴듯하게 들리겠지만 자칫 커다란 문제를 야기할 수 있다. 우리가 세미나에서 가르치는 원칙 하나는 '의지의 힘'이다. 궂은 날을 위해 저축한다면 어떤 결과를 얻게 될까? 매일 궂은 날이다! 그런 짓은 그만하자. 힘들어질 때를 대비해서 저축하는 대신 즐거운 날을 위해, 경제적으로 자유로워지는 그날을 위해 저축하라. 그럼 의지의 힘에 따라 바로 그것을 얻게 될 것이다.

앞에서 대부분의 사람들이 돈에 관해 부모의 경향을 따른다고 말한 바 있지만 여기에는 동전의 양면성이 있다. 부모와 정반대의 길을 걷는 사람들도 있다. 이런 현상이 일어나는 것은 당신이 부모에게 얼마나 분노하느냐에 따라 달라진다.

어린아이들은 부모에게 이렇게 말할 수 없다. "엄마, 아빠, 앉아보세요. 두 분과 얘길 좀 해야겠어요. 전 두 분의 돈 관리 방식이 마음에 안 들어요. 솔직히 두 분의 인생도요. 그래서 나는 어른이 되면 절대 엄마, 아빠처럼 하지 않을 거예요. 이해해 주세요. 그럼 안녕히 주무세요."

아니, 아니다. 이런 식으로 되지 않는다. 충돌이 생기면 흥분해서 이렇게 말하는 게 보통이다. "미워. 나는 절대 엄마, 아빠처럼 안 될 거야. 나는 커서 부자가 될 거야. 그래서 엄마가 뭐라고 하든, 내가 갖고 싶은 걸 다 가질 거야." 그 후에 방으로 달려가 문을 쾅 닫고 베개나 손에 닿는 것 아무거나 두들겨대며 울분을 토한다.

가난한 집안에서 자란 사람들이 이런 분노와 반항심을 갖는 경우가 많다. 그들은 사회에 진출해서 부자가 되거나 최소한 부자가 되려는 의욕을 불태운다. 그런데 사소한 문제가 하나 있다. 실은 커다란 문제다. 그런 사람들은 부자가 되거나 성공하려고 무진 애를 쓰긴 하지만 대체로 행복을 느끼지 못한다. 이유가 뭘까? 돈을 벌어 성공하겠다는 의욕의 뿌리가 분노와 원망이라서 그렇다. '돈' 과 '분노'가 그들의 마음에 하나로 연결되어 있기 때문에 더 많은 돈을 벌거나 성공하려고 노력할수록 그만큼 분노도 커진다.

결국 그들의 '차원 높은 상위 자아'가 중얼거린다, "화내는 것도 피곤해. 이제 지쳤어. 맘 편하게 행복해지고 싶어." 그래서 그 연결 고리를 만들어내는 마음에게 이 상황을 어떻게 했으면 좋겠냐고 물어본다. 그들의 마음은 이렇게 대답한다. "분노를 없애고 싶으면 돈을 다 없애버려." 그들은 그 요구대로 한다. 무의식적으로 자신의 돈을 없앤다.

과소비를 하거나 잘못된 투자를 하거나 경제적으로 손해가 막심한 이혼을 하는 등 어떤 식으로든 자신의 성공을 망가뜨린다. 그래도 상관없다. 이제 그들은 행복해질 테니까. 정말 그럴까? 아니다! 상황은 전보다 더 심각해진다. 이제 그들은 분노를 안고 있는 것만이 아니라 돈 한 푼 없이 분노를 안고 있기 때문이다. 그들은 잘못된 선택을 한다. 분노 대신에 돈을, 뿌리가 아닌 열매를 던져버린 것이다! 진짜 문제는 그들이 부모에게 가지고 있는 분노인데 말이다. 그 분노를 해결하기 전에는 돈이 많건 돈을 다 없애버렸건 간에 진정으로 행복하거나 평화로워질 수 없다.

돈을 벌려는 이유나 성공하려는 동기는 대단히 중요하다. 두려움, 분노, 자신을 '증명해 보이려는' 욕구처럼 비생산적인 뿌리에서 출발한 동기라면 당신의 돈은 행복을 가져다주지 못할 것이다.

왜냐고? 돈으로는 그 문제들을 해결할 수 없기 때문이다. 두려움을 예로 들어보자. 세미나를 할 때 참석자들에게 이런 질문을 한다. "두려움을 떨쳐버리기 위해 성공하려는 분이 얼마나 되죠?" 손드는 사람은 많지 않다. 하지만 그 후에 "안전해지기 위해 성공하려는 분은 얼마나 됩니까?"라고 물어보면 거의 모두가 손을 든다. 생각해 보라. 안전해지고 싶다는 마음과 두려운 마음은 사실상 똑같은 동기다. 안전을 바란다는 것은 불안하기 때문이고 이러한 불안감에는 두려움이 깔려 있다.

돈을 많이 벌면 두려움이 해소될까? 그럼 얼마나 좋겠는가! 하지만 결코 그렇게 되지 않는다. 이유는? 문제의 뿌리가 돈이 아닌 두려움이기 때문이다. 더 심각한 문제는 두려움이 단순한 문제에 그치지 않고 습관으로 자리 잡는다는 것이다. 돈을 많이 벌면 두려움의 종류가 바뀔 뿐이다. 돈이 없을 때는 앞으로 계속 무일푼 상태로 남거나 필요한 돈을 벌지 못할까봐 두렵다. 그런데 성공을 하고 나면 두려움이 바뀐다. '이 돈이 다 없어지면 어쩌나.', '다들 나한테 손 벌리면 어쩌나.', '세금으로 다 날아가면 어쩌나.' 즉 문제의 뿌리로 파고들어가 두려움을 없애기 전에는 돈이 아무리 많다 한들 소용이 없다.

물론 선택을 해야 한다면 돈이 전혀 없는 쪽보다 돈이 있는 상태에서 없어지는 걸 걱정하는 편이 낫다고 할 것이다. 하지만 어느 쪽이건 행복한 삶의 방식은 아니다.

두려움 때문에 성공하려는 사람이 있는가 하면 자신이 잘난 사람이라는 걸 증명하려고 성공하고자 하는 사람들도 많다. 이 문제는 2부에서 자세히 다룰 것이고, 지금은 우선 돈의 많고 적음이 당신을 괜찮은 사람으로 만들어주지 못한다는 걸 알아두자. 돈은 이미 만들어져 있는 당신을 다른 그럴싸한 인물로 바꿔주지 못한다. 두려움과 마찬가지로 '항상 자신을 증명해 보여야 한다.'는 것도 살아가는 습관이 된다. 그 때문에 자신이 고갈되고 있다는 걸 깨닫지 못한 채 자신을 성공지향적인 사람, 노력파, 의지가 강하다는 식으로 생각한다. 이런 특징들이 나쁜 건 아니다. 나름대로의 장점을 지니고 있다. 다만 그 밑바닥에 깔려 있는 이유가 문제다. 그것을 추구하게 만드는 동력, 그 뿌리가 무엇인가?

자신을 증명해 보이려는 사람들에게 돈의 양은 내면의 상처로 인한 고통을 완화시키지 못한다. 내면의 상처가 그들의 삶에 있는 모든 것과 모든 사람을 충분치 않게 만든다. 돈이 아무리 많아도, 사실 다른 무엇이 있어도, 스스로 부족하다고 여기는 사람에게는 충분하게 느껴지지 않을 것이다.

다시 말하지만 열쇠는 당신에게 있다. 당신의 내면세계가 외적인 세상에 반영된다. 스스로 부족하다고 믿으면 그 믿음을 증명하기 위해 부족한 현실을 만들어낼 것이다. 반면에 풍부하다고 믿으면 그 믿음을 입증하듯이 풍요로워질 것이다. 왜냐고? 당신의 뿌리에 배어 있는 풍부함이 자연스러운 결실을 맺을 것이기 때문이다.

분노, 두려움, 자신을 증명하려는 욕구로 돈을 벌어야 한다는 동기를 끊어내면 목적, 기여, 기쁨이라는 새로운 동기를 찾아낼 수 있다. 당연히 행복을 위해 돈을 없애야 할 필요도 없다.

부모에 대한 반항심이나 정반대로 행동하겠다는 마음이 항상 문제가 되는 것은 아니다. 경제적으로 부족한 가정에서 자란 반항아는(둘째 아이인 경우가 많다.) 부모와 반대로 행동함으로써 득을 볼 수 있다. 반면에 성공한 부모 밑에서 자란 반항아는 심각한 재정적인 곤란을 겪을 수 있다. 어느 쪽이건 돈에 대한 당신의 사고방식이 부모님의 한쪽 혹은 양쪽의 사고방식과 연관되어 있다는 사실을 아는 게 중요하다.

나의 경제 청사진을 바꾸는 4단계

인식	부모님이 돈에 대해, 부에 대해, 어떤 태도와 습관을 갖고 있었는가? 그것을 생각해 보고 자신이 부모님과 비슷한지 정반대인지 써보라.
자기이해	자라면서 보았던 모습들이 당신의 경제력에 어떤 영향을 미치고 있는지 써보라.
변화 선택	그런 방식이 단순히 주입된 것일 뿐, 자신의 것이 아님을 알겠는가? 당신에게는 변화를 선택할 권리가 있다.
선언	가슴에 손을 얹고 말하자. "내가 돈에 대해서 보고 배운 것들은 그분들의 방식이었다. 나는 내 방식을 택하겠다." 머리에 손을 대고 말하자. "나는 백만장자 마인드를 가졌다."

경제 청사진을 만든 세 번째 영향
어린 시절 어떤 특별한 경험을 했는가

우리를 현 상태로 붙잡아 두는 세 번째 요소는 특별한 경험들이다. 어렸을 때 돈에 관해, 부에 관해, 부자에 관해 어떤 경험을 했는가? 지금 당신이 부여잡고 있는 믿음, 아니 착각을 만들어낸 근원이 이런 경험들이기 때문에 이 요소도 중요하다.

사례를 들어보자. 수술실 간호사로 일하는 조지라는 여성이 우리 세미나에 참석했다. 조지는 상당한 고소득자였는데 어찌 된 일인지 항상 돈이 남아나질 않았다. 그녀는 좀 더 깊이 들어가 열한 살 때 엄마, 아빠, 언니와 함께 중국 음식점에 갔던 일을 기억해 냈다. 그때 엄마와 아빠는 돈 문제로 심하게 싸웠고, 아빠가 벌떡 일어나 고함을 치며 붉으락푸르락 한 얼굴로 테이블을 쾅쾅 두들기더니, 갑자기 심장발작으로 쓰러졌다. 그녀는 학교대표 수영선수로 훈련받던 중이어서 심폐소생술을 알고 있었고, 아버지를 살리기 위해 최선을 다했다. 하지만 결국 허사로 돌아갔다. 아버지는 그녀의 품에서 숨을 거두었다.

그날 이후, 조지의 마음에는 돈과 고통이 함께 엮여 있었다. 의식적인 행동은 아니었어도 그녀가 왜 번 돈을 모조리 써버렸는지 이해할 만하다. 그것이 고통을 없애는 방법이었던 것이다. 그녀가 간호사라는 직업을 택했다는 사실도 흥미롭다. 왜 하필 간호사였을까? 아버지를 살리고 싶은 마음의 발로였을까?

우리는 조지가 예전에 가지고 있던 경제 청사진을 바꾸도록 도왔다. 지금 그녀는 경제적 자유로 가는 길을 순항 중이다. 간호사 일도 그만두었다. 그 일을 싫어했던 것은 아니지만 잘못된 이유로

택한 직업이었다. 그녀는 지금 재무 설계사로 일하고 있다. 남을 돕는다는 면에서 간호사라는 직업과 유사하지만 이번에는 고객들이 경제적인 삶을 수월하게 풀어나갈 수 있도록 도와주고 있다.

특별한 경험의 예를 하나 더 들어보자. 나의 아내가 여덟 살 때 아이스크림 차가 딸랑딸랑 종을 울리며 지나가는 소리를 들었다. 엄마에게 달려가 25센트를 달라고 했더니 "엄마는 돈이 없어. 아빠한테 달라고 해. 아빠가 돈을 다 갖고 있어."라는 대답을 들었다. 아빠한테 달려가 돈을 달라고 했더니 아빠가 25센트를 줬다. 그녀는 아이스크림을 사 먹을 수 있었고 행복했다. 그 후로 오랫동안 그런 일이 반복되었다. 이 일로 그녀는 돈에 대해 무엇을 배웠을까?

첫째, 남자들이 돈을 다 가지고 있다는 것을 배웠다. 우리가 결혼했을 때 그녀가 나에게 기대했던 게 무엇이었을까? 맞다, 돈이다. 게다가 더 이상 동전 몇 개를 달라고 하는 수준이 아니었다! 이미 그 단계를 넘어섰다. 둘째, 여자들은 돈이 없다는 것을 배웠다. 그녀의 엄마(신적인 존재)가 돈이 없었다면 그녀도 없어야 했다. 그렇게 되기 위해 그녀는 무의식적으로 수중에 있는 돈을 다 썼다. 100달러를 주면 100달러를 썼다. 200달러를 주면 200달러를 썼다. 500달러를 주면 500달러를, 1,000달러를 주면 1,000달러를 썼다. 그 후에 내 강좌를 듣고 '차입금'이라는 개념을 배우게 되었는데 그러자 2,000달러를 주면 돈을 빌려서 1만 달러를 썼다! 그리고 그녀는 이렇게 말했다. "여보, 1만 달러를 더 벌려고 빌리는 거지, 그걸 다 써버리려고 빌리는 게 아니야."

우리 부부가 싸우는 이유는 단 하나, 돈 때문이었다. 그때 당시에는 우리가 돈을 바라보는 시각이 전혀 다르다는 사실을 알지 못했다. 아내에게 돈은 아이스크림을 사 먹는 것처럼 즉각적인 '즐거움'을 의미했다. 반면 나에게 돈은 '자유'를 누릴 수 있는 수단으로 비축해야 하는 것이었다. 아내가 돈을 쓸 때마다 나는 우리가 미래에 누릴 수 있는 자유를 갉아먹고 있는 것처럼 보였다. 반면 아내 입장에서는 내가 그녀에게 돈을 쓰지 못하게 할 때마다 자신의 삶의 즐거움을 빼앗기는 것과 다름 없었다.

다행히 우리는 서로의 경제 청사진을 바꿀 수 있었고 우리 둘을 위한 제3의 경제 청사진도 만들었다. 효과가 있었냐고? 간단히 말하면 나는 내 삶의 3가지 기적을 목격했다.

- 딸이 생겼다.
- 아들이 생겼다.
- 더 이상 돈 문제로 아내와 싸우지 않는다!

통계적으로 남녀관계가 깨지는 가장 큰 이유가 돈이다. 사람들이 돈 문제로 싸울 때 실제 문제는 돈 자체가 아니라 돈에 대한 서로의 생각과 계획이다. 즉 경제 청사진이 맞지 않은 탓이다. 돈이 많건 적건 중요하지 않다. 두 사람의 청사진이 맞지 않으면 허다

한 문제들이 발생한다. 결혼한 부부, 교제하는 남녀, 가족 구성원, 사업상의 동료 등 어느 인간관계에서나 마찬가지다. 해결해야 할 문제는 돈이 아닌 청사진이라는 게 핵심이다.

상대의 경제 청사진을 파악하면 둘 다 유익한 방법으로 해결할 수 있다. 우선 상대의 돈에 대한 개념이 당신과 똑같지 않을 수 있다고 인정하는 것이 출발점이다. 상대가 중요하게 여기는 것이 무엇일까, 왜 그런 식으로 돈을 다루게 되었을까, 기저에 깔린 두려움은 무엇인가. 이러한 뿌리를 파악하는 것이 최선이다. 열매가 아닌 뿌리를 다뤄라. 그래야 효과적인 결실을 거둘 수 있다. 그 외의 방법은 한마디로 효과가 없다!

또 하나, 상대의 경제 청사진을 파악하는 동시에, 두 사람이 진정으로 원하는 것을 얻을 수 있는 새 청사진도 만들어야 한다. 이렇게 할 수 있다면 가장 큰 고통의 원인을 제거하게 된다.

배우자와 이런 연습을 해보자. 마주 앉아서 돈에 대한 개념이 형성된 과거의 이력을 이야기해 보라. 어렸을 때 어떤 말을 듣고 자랐는가, 집안에서 어떤 모습을 보았는가, 정서적으로 영향을 끼친 일은 무엇인가에 대해서다. 배우자에게 돈이 어떤 의미를 지니는지도 알아보자. 즐거움인가, 자유인가, 안정감인가, 지위인가? 이런 과정을 통하여 서로의 경제 청사진을 확인하고 서로 생각이 다른 이유를 알아 낼 수 있다.

다음 단계로 현재 시점에서 개인으로서가 아니라 동반자로서 바라는 것을 이야기해 보자. 돈과 성공에 대해 서로가 지닌 목표와 태도에 합의를 보고 결정을 하라. 둘 다 동의하는 태도와 행동을 종이에 적어라. 그걸 벽에 붙여두고 다시 돈 문제로 충돌하게 될 경우, 점잖게, 아주 부드럽게, 둘이 함께 결정한 사항을 일깨워주어라. 그것은 둘 다 차분하고 객관적인 상태에서 과거의 경제 청사진을 배제하고 합의를 이룬 사항이다.

나의 경제 청사진을 바꾸는 4단계

인식	어렸을 때 돈에 관해 정서적으로 영향을 미친 일이 무엇이었을까? 생각해 보라.
자기이해	이 사건이 현재의 경제력에 어떤 영향을 미치고 있는지 써보라.
변화 선택	이런 사고방식은 후천적으로 습득된 것일 뿐, 자신의 것이 아니라는 걸 알겠는가? 당신에게는 변화를 선택할 권리가 있다.
선언	가슴에 손을 얹고 말하자. "예전의 무익한 경험에 휘둘리지 않겠다. 새롭고 부유한 미래를 만들어나가겠다." 머리에 손을 대고 말하자. "나는 백만장자 마인드를 가졌다."

이제 경제 청사진을
부자답게 그리자

자, 이제 '백만 달러짜리' 질문에 대답할 시간이다. 지금 당신은 어떠한 경제 청사진을 갖고 있는가? 당신의 무의식이 어떤 결과를 낳고 있는가? 부자, 소시민, 경제적 낙오자, 이 중 어디에 맞춰져 있는가? 돈에 안달하는 쪽, 편안해하는 쪽, 어느 방향으로 프로그래밍되어 있는가? 돈을 힘들게 버는 쪽인가, 수월하게 버는 쪽인가?

정기적인 수입과 비정기적인 수입, 어느 편인가? 일확천금은 "손에 들어왔다가 없어지고, 다시 손에 들어왔다가 다시 사라지는 것"이다.

사람들은 흔히 이처럼 상황이 급변하는 원인을 외부 세계에서 찾는다. "연봉 센 회사에 취직했는데, 회사가 도산했어. 내 사업을 시작해서 일이 술술 풀렸는데, 시장이 얼어붙었어. 사업이 승승장구했는데, 동업자가 손을 뗐어……." 같은 식이다.

당신의 경제 청사진이 고소득으로 맞춰져 있는가? 혹은 일반적인 소득? 아니면 저소득으로 맞춰져 있는가? 사람들의 머릿속에 일정한 액수의 돈이 프로그래밍되어 있다는 사실을 아는가? 연봉 2만에서 3만 정도를 벌 생각인가? 4만에서 6만? 7만 5,000에서 10만? 15만에서 20만? 연봉 25만 달러 이상?

몇 년 전에 2시간짜리 저녁 세미나를 진행했을 때 최고급으로 잘 차려입은 신사 분이 참석했다. 세미나가 끝난 후에 그분이 나에게 다가오더니 자신은 이미 1년에 50만 달러를 벌고 있는데 3일짜리 강좌를 듣는 게 무슨 소용이 있겠냐고 물었다. 나는 그 정도 돈을 벌기 시작한 지 얼마나 되었냐고 물었다. 그는 "7년째 계속"이라고 답했다.

내가 알고자 했던 것이 그것이었다. 나는 그에게 "1년에 왜 200만 달러를 벌지 못하는가? 그 강좌는 경제적인 잠재력을 충분히 발휘하고 싶은 사람들을 위해 만들어진 프로그램이다. 당신의 소득이 왜 100만 달러의 절반 정도 수준에 머물러 있는지 생각해 보라."고 했다. 그는 프로그램에 참여하기로 결정했다.

1년 뒤에 그는 이런 내용의 이메일을 보내왔다. "정말 좋은 프로그램이었는데 내가 실수한 것 같습니다. 나의 청사진을 연봉 200만 달러로 재조정했거든요. 그런데 벌써 이뤘어요. 연봉 1,000만 달러로 수정하기 위해 다시 강좌에 참석해야겠습니다."

여기서 요점은, 실질적인 양은 중요하지 않다는 것이다. 중요한 건 당신이 경제적인 잠재력을 충분히 발휘하고 있느냐 하는 점이다. 도대체 그 많은 돈이 왜 필요하냐고 물을 사람도 있을 것이다.

대답하자면 첫째, 그 질문 자체가 부자가 되는 데 별 도움이 되지 않으며 경제 청사진을 다시 그려야 한다는 확실한 증거다.

둘째, 이 신사가 그 많은 돈을 벌고 싶어 하는 이유 중에는 아프리카의 에이즈 환자들을 돕는 자선단체에 좀 더 많이 기부하려는 목적이 포함되어 있다. 이래도 부자들을 탐욕스럽다고 욕할 건가!

계속해 보자. 당신의 프로그래밍은 저축 아니면 소비, 어느 쪽에 맞춰져 있는가? 돈을 잘 관리하는 쪽인가, 되는 대로 놔두는 쪽인가? 이익이 되는 투자를 하는가, 망하는 투자를 하는가?

"내가 주식시장에서 돈을 벌지, 부동산으로 돈을 벌지, 어떻게 알 수 있겠어?"라고 물어볼 사람도 있을 것이다. 그렇다면 주식이나 부동산을 고르는 사람이 누구인가? 당신이다. 구입 시기를 결정하는 사람은 누구인가? 당신이다. 매각 시기를 결정하는 사람은 누구인가? 당신이다. 아무래도 투자의 성공 여부에 당신이 상당히 관련되어 있는 것 같지 않은가?

샌디에이고에 살고 있는 래리라는 친구가 있다. 래리는 돈을 버는 일에 있어서는 타의 추종을 불허한다. 그는 분명히 '고소득' 청사진을 갖고 있다. 그런데 돈을 투자하는 방면에서는 영 맥을 못춘다. 그가 사들이는 주식은 어느 것이나 여지없이 하락세를 탄다. (그의 아버지도 비슷하지 않았냐고? 유구무언이다!)

나는 꾸준히 래리에게 연락해서 투자에 관한 조언을 구한다. 그의 조언은 언제나 정확하다……. 정확히 틀린다! 래리가 제시하는 방향과 정반대로 가면 된다. 정말 사랑스러운 친구다!

반대로 미다스의 손을 가진 듯한 사람들도 있다. 그들이 손을 대거나 관여하는 일은 뭐든지 황금으로 변한다. '미다스의 손'과 '여지없이 망하는 증상'은 둘 다 경제 청사진이 현실화되는 일일 뿐이다.

다시 말하지만 당신의 경제 청사진이 당신의 경제적인 삶을 결정짓는다. 당신의 사생활도 마찬가지다. 청사진을 낮게 설정해 둔 여자는 똑같이 낮은 청사진의 남자를 만날 가능성이 크다. 경제적으로 '편안한 지대'에 머무를 수 있고 게다가 자기 청사진의 정당성을 증명할 수 있으니까.

청사진을 낮게 설정해 둔 남자도 마찬가지다. 낭비벽이 있거나 돈을 모조리 없애버리는 여자를 끌어들일 것이다. 그래야 경제적으로 편안한 지대에 머무르며 자신의 청사진을 증명할 수 있을 테니까.

사람들은 사업 기술이나 지식, 또는 시장에 들어가는 타이밍이 사업의 성패를 가른다고 생각한다. 이런 이야기해서 미안하지만 그건 어리석은 생각이다. 다른 식으로 표현하면 당치도 않다!

사업의 성공과 실패는 당신의 경제 청사진이 만들어낸 결과물이다. 사람은 자신이 지닌 청사진을 현실로 입증하게 되어 있다. 연봉 10만 달러의 청사진을 가졌다면 사업이 꼭 그만큼 잘될 것이다. 1년에 10만 달러를 벌 수 있을 만큼만.

연봉 5만 달러의 청사진을 지닌 영업자가 어쩌다 영업이 잘되어 연봉 9만 달러가 될 수 있는 계약을 따냈다면 계약이 취소되거나 아니면 9만 달러를 벌게 되더라도 그 후에 실적이 모자라거나 일이 꼬일 것이다. 경제 청사진의 수준으로 되돌아가기 위해서 말이다.

반대로 5만 달러의 청사진을 설정해 두었는데 2년 동안 슬럼프에 빠져 있었다면 걱정할 것 없다. 그만큼 벌게 될 테니까. 그럴 수밖에 없다. 이것이 돈에 대한 무의식의 원칙이다. 이런 상황에 있는 사람은 길을 걷다가 버스에 치여 보험금을 받게 되는 식으로라도 정확히 5만 달러를 벌게 될 것이다! 간단하다. 어쨌거나 1년에 5만 달러를 버는 게 적당하다고 생각하면 결국 그만큼만 벌게 된다.

그렇다면 당신의 경제 청사진이 어디에 맞춰져 있는지 알 수 있는 방법은 무엇일까? 결과를 살펴보면 가장 확실하다. 통장을 들여다보라. 수입을 계산해 보라. 순자산을 합산해 보라. 투자 수익을 확인해 보라. 사업적인 성공의 결과를 확인해 보라. 소비하는 편인지 저축하는 편인지 생각해 보라. 돈을 잘 관리하는지 생각해 보라. 자신이 진득하게 붙어 있는 성향인지 여기저기 옮겨 다니는 성향인지 생각해 보라. 얼마나 열심히 일하고 있는지 생각해 보라. 돈과 관련된 대인관계를 확인해 보라. 힘들게 돈을 버는가, 쉽게 굴러 들어오는가? 자영업자인가 회사원인가?

부를 끌어당기는 경제

당신의 청사진은 자동 온도조절기와 같다. 방 안 온도가 22도라면 온도조절기가 22도로 맞춰져 있기 때문일 것이다. 자, 이제부터 더 흥미로워진다. 날씨가 추울 때 창문을 열어놓았다고 해서 방 안 온도가 18도까지 떨어질까? 물론이다. 하지만 결국은 어떻게 되는가? 온도조절기가 작동을 시작해서 온도를 22도로 돌려놓을 것이다.

또한 날씨가 더울 때 창문을 열어놓았다고 해서 방 안 온도가 25도까지 올라갈까? 물론 그럴 수 있다. 하지만 결국에 어떻게 되는가? 온도조절기가 작동하여 온도를 22도로 끌어내릴 것이다.

방 안 온도를 완전히 바꾸려면 온도조절기를 다시 맞추는 수밖에 없다. 마찬가지로 경제적인 성공도를 '영구적으로' 변화시키는 방법은 당신의 경제적인 자동 온도조절기, 즉 경제 청사진을 수정하는 길뿐이다.

당신이 원하는 모든 것을 시도해 보라. 사업, 마케팅, 영업, 협상, 경영 분야에 필요한 기술을 개발해도 좋고, 부동산이나 주식 전문가가 되어도 좋다. 모두 다 아주 유용한 도구들이다.

하지만 큰돈을 벌어들이고 유지할 수 있을 만큼 단단하고 큰 도구함이 당신 안에 구비되어 있지 않으면 세상에 있는 어떤 도구를 가져다 놓아도 당신에게는 쓸모가 없을 것이다.

"당신의 소득은 당신이 하는 만큼만 늘어난다." 아주 간단한 산수이다.

돈과 성공에 관한 청사진은 평생 당신에게 붙어 다닌다. 다행일까, 불행일까? 불행이라면 청사진을 확인해서 바꿔야 한다. 이 문제는 2부에서 다룰 것이다.

모든 변화의 일차적인 단계는 '인식'이다. 자신을 지켜보라. 의식적으로 자신의 생각과 두려움, 습관과 행동, 게으름까지 다 관찰해 보라. 현미경으로 들여다보듯이 자신을 들여다보라. 자신을 연구하라.

우리가 하루하루 의식적으로 선택하며 사는 것 같은가? 실은 그렇지 않다! 아무리 의식적으로 선택하며 산다고 주장하는 사람도 매 순간을 인식하여 선택하는 일은 몇 가지 정도에 불과하다.

대부분은 로봇처럼 과거에 주입된 조건과 오랜 습관에 따라 자동으로 움직인다. 그래서 의식적인 각성이 필요하다. 과거에 작성된 프로그램에 의지하기보다 의식적으로 자신의 생각과 행동을 관찰하고 현재 이 순간에 맞는 진정한 선택을 해야 한다.

의식이 깨어날 때 과거의 자신이 아닌 오늘의 자기 모습으로 살아갈 수 있다. 상황에 따라 적절하게 반응한다면, 자신의 기술과 잠재력을 충분히 발휘할 수 있다. 과거에서 온 불안과 두려움에 이끌려 부적절하게 반응하는 일이 한결 줄어들 수 있다.

의식이 깨어나면 자기 안에 있는 프로그래밍의 정체를 알 수 있다. 어린 시절에 사실로 받아들였던 정보의 기록에 불과하다는 것을 말이다. 그 모습은 당신의 진면목이 아니라 남들이 꾸며놓은 모습이다.

당신은 '녹화된 내용'이 아니라 '녹음기'일 뿐이다. 컵에 들어 있는 '내용물'이 아니라 '컵'이다. '소프트웨어'가 아니라 '하드웨어'이다.

그렇다. 유전적인 특징도 여기에 한몫을 거든다. 개인의 영적인 특징을 무시할 수 없다. 하지만 당신의 현재 모습 중 많은 부분이 다른 사람들의 믿음과 정보로 형성되어 있다. 믿음이라는 것은 확실한 사실도 아니고 분명한 거짓도 아니며 옳거나 그르지 않다.

그러한 믿음이 일반적인 것으로 받아들여지고 타당성을 인정

받는다고 해도 믿음이란 결국 사람들 사이를 이리저리 돌아다니며 전해진다. 또 세대와 세대를 거쳐 당신에게 이어진 견해일 수밖에 없다. 따라서 부자 되는 길에 아무런 도움이 안 되는 믿음은 의식적으로 제거하고, 도움이 되는 믿음으로 바꾸는 편이 여러모로 낫다.

내가 강조하는 말 중 하나가 "머릿속의 생각에는 모두 대가가 있다."는 것이다. 당신이 가진 생각은 투자가 되거나 비용이 된다. 성공과 행복에 다가가게 하거나 멀어지게 한다. 당신에게 힘을 주거나 힘을 빼앗는다. 생각과 믿음을 현명하게 골라야 하는 이유가 이것이다.

그러나 당신의 생각과 믿음은 당신을 구성하는 필수 요소가 아니다. 당신에게 꼭 달라붙어 있어야 할 필요가 없다. 당신이 그것을 중요하게 여기는 만큼만 의미가 있을 뿐, 당신이 부여하는 것 이상으로 중요하거나 의미 있는 건 아니다. 즉 당신이 부여하는 의미를 제외하고는 아무런 의미가 없다.

앞에서 내 말을 믿지 말라고 이야기했다. 마찬가지로 당신이 진심으로 인생을 상승시키고 싶다면 당신이 하는 '말'을 믿지 말라. 더 정확하게 단언하면 당신의 '생각'을 믿지 말라.

당신은 무언가를 믿을 것이다. 세상 사람들이 다 그렇다. 어차피 선택해야 할 거라면 자신에게 도움이 되는 믿음, 지원군이 되어주는 믿음, 부자가 될 수 있는 믿음을 택하는 편이 낫다.

명심하자. 생각이 감정을 낳고, 감정이 행동을 낳고, 행동이 결과를 낳는다. 부자들처럼 생각하고 행동하면, 부자들이 만들어내는 결과를 당신도 만들어낼 수 있다.

그렇다면 "부자들은 어떻게 생각하고 행동하는가?" 이제 곧 알게 될 것이다.

경제적인 삶을 영원히 바꾸고 싶으면 끝까지 읽어라!

• 선언 •

가슴에 손을 얹고 말하자
"나의 생각들을 점검하여
나에게 힘을 주는 것들만 받아들이겠다."

머리에 손을 대고 말하자
"나는 백만장자 마인드를 가졌다!"

2부

백만장자의
17가지 시크릿

1부에서 언급한 명시 과정을 다시 한번 짚고 넘어가자. 생각이 감정을 낳고, 감정이 행동을 낳고, 행동이 결과를 낳는다. 모든 것은 생각에서 비롯된다.

생각은 당신의 '마인드'가 만들어낸다. 마인드는 우리 생활의 기본이며 강력한 도구다. 우리가 이처럼 기본적이고 강력한 도구를 활용할 줄 모르다니 놀랍지 않은가? 마인드의 작동 방식을 간단히 살펴보는 작업부터 시작하자. 마인드는 커다란 '생각상자'라고 할 수 있다. 생각상자에 이런저런 정보들을 넣을 때는 생존을 위해 쉽게 꺼내 쓸 수 있도록 각각의 파일에 제목을 써서 정리해 넣는다. 잘 들었는가? '번영'이 아니라 '생존'을 위해서라고 말했다.

어떤 상황이 닥치면 당신은 생각상자에 들어가 어떻게 반응해야 하는가를 결정한다. 하나의 예로 경제적인 문제를 고려할 때는 자동적으로 '돈'이라는 제목이 붙은 생각파일에 들어가 그 안에서 행동을 결정한다. 당신이 돈에 대해 생각할 수 있는 것들은 당신의 '돈에 대한 생각파일'에 저장되어 있는 내용뿐이다. 그것이 당신이 생각할 수 있는 전부다. 머릿속에 들어 있는 내용이 그것뿐이니까.

그 파일 안에서 '논리적이다', '합리적이다', '시기적절하다'고 믿는 바들을 근거로 결정을 내린다. 당신이 옳다고 생각하는 선택을 한다. 그런데 당신이 옳다고 믿는 선택이 성공적인 선택이 아닐 수도 있다. 당신이 매우 합당하다고 생각하는 그것이 실제로는 계속해서 한심한 결과물을 내놓고 있을 수 있다는 뜻이다.

예를 들어 나의 아내가 쇼핑센터에 갔다고 치자. 이건 내가 충분히 상상할 수 있는 일이다. 그녀의 눈에 초록색 지갑이 들어온다. 25퍼센트 세일 중이다. 그녀는 즉시 머릿속 생각파일들을 뒤져서 '이 지갑을 사야 할까?'라는 질문을 던진다. 생각파일에서 곧바로 대답이 돌아온다. '지난주에 산 초록색 구두에 어울리는 초록색 지갑을 찾고 있었잖아. 크기도 딱 알맞아. 사!' 계산대로 달려가면서 그녀는 이 예쁜 지갑을 사게 된 게 너무나 기쁘고 25퍼센트나 싸게 살 수 있어서 더욱 기쁘다.

그녀에게 이 구매는 매우 합당한 것이다. 갖고 싶은 것이었고, 필요하다고 믿었고, '싸게 샀다.' 그런데 시간이 지나자 이런 생각이 떠오른다. '그래, 이건 정말 예쁜 지갑이야, 싸게 산 것도 맞아. 하지만 3,000달러 빚이 있으니까 사지 않는 편이 나아.'

머릿속 생각파일에 그런 생각이 들어 있지 않았기 때문에 그녀는 그 생각을 미처 하지 못했다. '빚이 있을 때는 더 사들이지 말라.'는 정보가 그녀의 파일에 들어 있지 않았고 그래서 그 생각을 할 수 없었다. 제대로 된 선택이 아니었던 것이다.

무슨 말인지 알겠는가? 경제적인 성공에 어울리지 않는 생각들을 갖고 있으면 그런 선택밖에 할 수 없다. 그게 당연하고 합당한 것이 된다. 하지만 결과적으로 예나 지금이나 무일푼 상태를 면치 못하고 기껏해야 소시민 수준에 머물러 있을 뿐이다. 반대로 경제적인 성공을 지원해 주는 생각들을 갖고 있으면 자연스럽게, 자동적으로 성공하게 되는 결정을 한다. 더 생각할 필요도 없다. 평상시의 사고방식이 성공적인 결과를 낳는다. 도널드 트럼프가 평소에 하던 식으로 생각해서 엄청난 거부가 된 것처럼.

돈에 관한 한 부자들이 생각하는 것처럼 생각할 수 있다면 근사하지 않겠는가? 당신이 "물론이다."라든지 혹은 이와 비슷하게라도 대답하기를 바란다.

당신도 할 수 있다!

무조건 부자의 생각을 선택하라

앞에서 말했듯이 변화의 첫 번째 단계는 인식이다. 부자들이 생각하는 식으로 생각하려면 우선 부자들이 어떻게 생각하는지 알아야 한다.

부자들은 가난한 사람이나 중산층과는 아주 다르게 생각한다. 돈에 대해, 부에 대해, 자신에 대해, 타인에 대해, 그리고 삶의 모든 측면에 대해 상당히 다르게 생각한다. 제2부에서는 이 차이점들을 살펴보고 그 대안이 될 수 있는 17가지 '백만장자 마인드'를 당신의 생각상자에 주입하여 경제 청사진을 재구성하는 작업에 돌입할 것이다. 중산층 또는 가난한 사람들처럼 생각하고 있을 때, 얼른 정신을 차려 부자들처럼 생각하는 쪽으로 초점을 바꿀 수 있을 것이다. 명심하자. 당신은 당신의 행복과 성공에 도움이 되는 생각을 선택할 수 있다. 그 반대의 것은 버려라.

먼저 짚고 넘어가야 할 사항이 있다.

첫째, 나는 어떤 식으로든, 어떤 형태로든, 가난한 사람들을 무시하려는 것이 아니며 그들의 상황을 연민하지 않는 게 아니다. 부자가 가난한 사람보다 낫다고 생각하지도 않는다. 부자는 돈이 더 많을 뿐이다. 이 점을 분명히 알아주기 바란다. 내가 이 책에서 부자와 가난한 사람들을 극단적으로 구분하는 것은 단지 독자의 이해를 돕기 위해서일 뿐이다.

둘째, 내가 부유층, 중산층, 저소득층에 대해 이야기할 때 사회적인 가치나 그들이 벌어들이는 실질적인 돈의 액수를 말하는 것이 아니라 사람들의 생각과 행동이 얼마나 다른가에 대해, 즉 그들의 사고방식을 이야기하는 것이다.

셋째, 나는 과감하게 일반화할 것이다. 부자와 가난한 사람들이 모두 나의 설명과 부합하는 것은 아니지만 당신이 각각의 원칙을 이해하고 활용하도록 하는 것이 일차적인 목표다.

넷째, 웬만하면 중산층을 특별히 언급하지 않을 것이다. 보통 중산층은 부유층과 저소득층의 사고방식을 혼합해서 가지고 있다. 나의 목표는 자신의 상태를 인식하고 더 많이 부자처럼 생각함으로써 지금보다 더 부자가 될 수 있도록 도와주는 것이다.

다섯째, 여기 제시되는 몇 가지 원칙은 사고방식이라기보다 습관과 행동에 대한 것으로 보일 수 있다. 명심하라. 우리의 행동은 감정에서 나오고, 감정은 생각에서 나온다. 부자가 되는 생각이 우선되어야 부자가 되는 행동이 나올 수 있다.

마지막으로 '옳아야 한다.'는 속박에 묶이지 않길 바란다. 이게 무슨 뜻일까? '나는 내 식대로 해야 한다.'는 구속에서 벗어나라는 말이다. 왜냐하면? 당신의 방식은 지금 당신을 그곳에 데려다 놓았을 뿐, 다른 곳으로 데려다주지 못하기 때문이다. 지금과 똑같기를 바란다면 계속 당신의 방식대로 해도 좋다. 하지만 아직 부자가 못 되었다면 달리 생각해야 한다. 실제 부자들에게서 나온 방식, 그리고 다른 수천 명을 부자의 길로 올려놓은 방식을 활용하라는 말이다. 싫으면 할 수 없다. 당신이 선택할 일이다.

앞으로 배울 원칙들은 간단하면서도 심오하다. 현실 세계를 살아가는 사람들에게 실제적인 변화를 만들어냈다. 그걸 어떻게 아냐고? 나의 회사로 해마다 수천 통의 편지와 이메일이 날아든다. 백만장자 마인드로 인해 그들의 삶이 얼마나 달라졌는지 매년 확인하고 있다. 장담하는데 당신이 그것을 배워 활용한다면 당신의 삶도 달라질 것이다.

백만장자 마인드를 각인시키는 실천

이 책에는 하나의 원칙을 마무리 지을 때마다 소리 내서 말할 수 있는 선언과 그것을 당신의 몸에 '습관화'할 수 있는 동작이 제시되어 있다.

백만장자 마인드를 당신의 것으로 만들 수 있게 해주는 행동지침도 있다. 하루 빨리 이 원칙들을 마인드에 심어 실천으로 옮겨라. 그 지식이 당신의 세포 구석구석에 스며들어가 영원한 변화를 일으킬 것이다.

인간이 습관의 동물이라는 것은 익히 아는 사실이다. 그런데 습관의 종류가 2가지라는 점은 잘 모르는 것 같다. 그것은 '하는 습관'과 '하지 않는 습관'으로 나뉜다. 당신이 지금 하고 있지 않는 것들은 모두 '하지 않는 습관'이다. '하지 않는 습관'을 '하는 습관'으로 바꾸려면 그 행동을 하는 수밖에 없다. 그저 책을 읽는 것도 좋지만 단순히 읽는 행위와 그 내용을 행동으로 옮기는 행위는 전혀 다른 차원이다. 진심으로 성공하고 싶거든 그것을 증명해 보여라. 행동을 하라!

내 인생의 부는
내가 만든다

부자는 '내 인생은 내가 만든다.'고 믿는다
가난한 사람은 '인생은 우연이 만든다.'고 믿는다

부자가 되고 싶으면 당신이 삶의 운전대를 쥐고 있다고 믿어라. 내 인생의 운전대, 특히 경제적인 삶의 운전대는 내가 쥐고 있다고 믿어야 한다. 이런 믿음이 없다면 자기 인생을 통제할 능력이 없다며 주저하고 있는 것과 같다. 경제적인 성공을 위해 할 수 있는 일이 없다고 생각하는 것이다. 이것은 부자의 태도가 아니다.

큰돈 들여 복권을 사는 사람들이 대개 가난한 사람들이라는 것을 아는가? 그들은 토요일 밤 텔레비전 앞에 앉아 번호가 나오는 과정을 초조하게 지켜보며 돈벼락이 떨어지기를 고대한다.

물론 어느 누가 일등에 당첨되고 싶지 않겠는가. 부자들도 가끔은 재미 삼아 복권을 산다. 하지만 우선, 그들은 그런 종잇조각에 한 달 수입의 절반을 쏟아붓지 않으며 둘째, 그들은 로또 당첨을 부자가 되는 최우선 전략으로 삼지 않는다.

당신을 성공으로 이끄는 사람은 당신이다. 당신을 중산층으로 만드는 사람도, 하루하루 돈에 안달하며 살아가게 하는 사람도, 의식적이건 무의식적이건 간에, 그 사람은 어차피 당신이다.

가난한 사람들은 자기 삶에 일어나는 일들을 책임지는 대신 피해자처럼 군다. 피해자인 척하는 사람들이 제일 많이 하는 생각은 '나는 불쌍해.'이다. 그 말은, 끌어당김의 원칙에 따라 금방 그대로 이루어진다. 그들은 불쌍해진다.

사실 그들은 피해자가 아니라 피해자 역할을 할 뿐이다. 그렇게 해서 뭔가 얻을 게 있다고 생각해서 피해자처럼 구는 것이다. 이 부분은 조금 있다가 자세히 이야기해 보자.

피해자인 척하는 사람을 어떻게 알 수 있을까? 그들이 드러내는 특징 3가지를 보면 확실히 알 수 있다.

특징을 이야기하기 전에 할 말이 있다. 이 책을 읽는 당신은 이런 사고방식과 전혀 상관이 없을 것이다. 다만 주위에 그런 사람이 있을지도 모른다. 그리고 어쩌면 당신이 아주 잘 아는 사람일 수도 있다. 어느 쪽이든 이 내용을 주의 깊게 읽기 바란다.

피해자인 척하는 사람들의 특징 ❶

비난

자신을 피해자라고 생각하는 사람들은 대개 '비난하는 게임'에 능숙하다. 되도록 많은 사람과 환경을, 자신이 부자가 못 되는 이유로 삼는다. 이는 자신에게 손가락질이 돌아오지 않게 하기 위함이다.

그들에게는 그것이 재미있는 놀이일 수 있다. 하지만 주위에 있는 사람들에게는 즐겁지 않은 일이다. 주위 사람들이 가장 손쉬운 과녁이기 때문이다.

그들은 경제를 탓한다. 정부를 탓한다. 주식시장을 탓한다. 증권사 직원을 탓한다. 직원들을 탓한다. 상사를 탓한다. 경영진을 탓한다. 상류층과 하류층을 탓한다. 고객 지원 센터를 탓한다. 배송 부서를 탓한다. 동업자를 탓한다. 배우자를 원망한다. 신을 원망한다.

그리고 당연히 자신의 부모를 원망한다!

비난과 원망의 대상은 언제나 다른 사람이거나 다른 무엇이다. 자신을 제외한 모든 상황과 모든 사람에게 문제가 있다.

피해자인 척하는 사람들의 특징 ❷
합리화

그들은 또한 자기 상황을 합리화하거나 정당화한다. "돈은 중요한 게 아니야." 이런 식이다. 여기서 하나 물어보자. 남편이나 아내에게, 남자친구나 여자친구에게, 동업자나 친구에게 "넌 중요하지 않다."고 말하면 당신의 곁에 어느 누가 오래 남아 있을까? 아마도 남을 사람이 없을 것이다. 돈도 마찬가지다!

세미나를 진행하다 보면 나에게 다가와 항상 이런 말을 하는 사람들이 있다.

"돈이 그렇게 중요한 건 아니잖아요."

그럼 나는 그 사람의 눈을 똑바로 쳐다보며 물어본다.

"무일푼이시군요! 그렇죠?"

그들은 흔히 시선을 내리깔고 이런 식으로 대답한다.

"지금 경제적으로 좀 힘들긴 하지만⋯⋯."

나는 곧바로 반박한다.

"아뇨, 지금만 그런 게 아니라 항상 그랬을 겁니다. 항상 무일푼이었거나 비슷했을 겁니다. 안 그래요?"

이쯤에서 그들은 고개를 끄덕이며 자리로 돌아간다. 그제야 돈을 하찮게 여기는 생각이 자신의 삶에 얼마나 큰 파국을 몰고 왔는지 깨닫고는 배울 준비를 한다.

그들이 빈털터리인 건 당연하다. 중요하다고 생각지도 않으면서 오토바이를 사겠는가? 그럴 리 없다. 중요하다고 생각지도 않으면서 애완동물을 기르겠는가? 물론 아니다. 마찬가지로 돈을 중요하지 않은 것으로 생각하면 당연히 그것을 갖지 못한다.

친구들에게 이 방법을 써봐라. "돈은 중요하지 않다."고 말하는 친구가 있다면 이마에 손을 얹고 마치 예언자처럼 시선을 들어 올리며 소리쳐라.

"너, 땡전 한 푼 없구나!"

친구가 기겁을 하며 물을 것이다.

"어떻게 알았어?"

그럼 손바닥을 내밀면서 말하라.

"알고 싶어? 그럼 50달러 내놔!"

노골적으로 이야기하겠다. 돈이 중요하지 않다고 말하는 사람은 돈이 없는 사람이다! 부자들은 돈의 중요성을 알고 있다. 우리 사회에서 돈이 차지하는 자리를 알고 있다.

반면에 가난한 사람들은 무의미한 비교를 일삼으며 자신들의 경제적 무능을 입증한다. "돈보다 사랑이 중요한 거야." 이렇게 되지도 않는 반박을 한다. 이게 무슨 비교거리가 되는가? 어이가 없다. "팔이 중요하냐, 다리가 중요하냐?"고 묻는 것과 마찬가지 아닌가. 당연히 둘 다 중요하다.

잘 들어라. 돈은, 그것이 효과를 발휘하는 분야에서는 지극히 중요한 것이 되며, 효과를 발휘지 못하는 분야에서는 전혀 중요한 것이 아니다. 사랑이 세상을 돌아가게 하는 원동력이 될 수는 있지만 병원이나 교회나 집을 지어주지는 못한다. 누구 입에 밥을 넣어줄 수도 없다.

아닌 것 같다고? 사랑으로 가스요금을 내겠다고 제안해 보라. 아직도 확실치 않은가? 그럼 은행에 가서 사랑을 저금하겠다고 해 보라. 무슨 일이 벌어질까? 직접 시험해 볼 필요 없이 내가 말해주겠다. 은행원은 당신을 이상한 사람으로 취급하며 이렇게 외칠 것이다. "경비원!"

부자들은 돈을 하찮게 생각하지 않는다. 내 설득력 부족으로 인해 당신이 아직도 돈을 중요하지 않게 생각한다면 딱 한마디밖에 할 말이 없다. "무일푼이시군요."

앞으로도 당신은 계속 그 상태일 것이다. 당신의 경제 청사진에서 아무런 쓸모도 없는 '무일푼 생각파일'을 들어내기 전까지는.

피해자인 척하는 사람들의 특징 ❸
불평

불평불만은 당신의 건강과 부자 되는 길에 가하는 최악의 행위이다. 정말 최악이다! 왜냐고?

"당신이 집중하는 곳이 커지기 마련이다."라는 게 우주의 원칙이기 때문이다. 불평할 때 당신은 어디에 집중하는가? 인생의 제대로 된 부분인가, 잘못된 부분인가? 분명히 잘못된 부분에 초점을 맞추고 있을 것이다. 집중하는 곳은 커지기 마련이니까 잘못된 부분이 점점 늘어날 것이다.

자기계발 분야의 지도자들은 끌어당김의 원칙을 이야기한다. 비슷한 것끼리는 잡아당기게 되어 있다. 불평을 한다는 것은 곧 '쓰레기'를 끌어당기고 있다는 뜻이다. 불평 많은 사람들의 인생은 고달프다. 잘못될 가능성이 있는 일은 뭐든지 잘못되는 것 같다.

"내가 불평이 많다고? 내 인생이 얼마나 거지 같은지 보란 말이오."

이렇게 말하는 그들에게 당신이 할 수 있는 대답을 알려주겠다.

"아니에요, 당신이 불평만 하니까 인생이 그렇게 꼬이는 거예요. 입 다물고, 내 앞에 얼씬도 하지 말아요!"

여기에 또 하나 핵심이 있다. 불평 많은 사람들 근처에는 절대 가지 말아야 한다는 것. 피치 못하게 옆에 있어야 한다면 강철 보호막을 펼쳐두어라. 자칫하면 그들에게 갈 쓰레기가 당신에게 튈 수도 있다!

부정적인 에너지에는 전염성이 있다. 그러니 불평 많은 사람들과는 되도록 멀리 떨어지는 게 상책이다. 그런데 간혹 불평을 귀담아들어 주는 사람들이 있다. 왜 그럴까? 자기 차례가 돌아오길

기다리고 있는 것이다. "겨우 그 정도예요? 이번엔 내 이야기를 들어보세요!"

당신의 삶을 확실히 바꿔줄 숙제를 내주겠다. 앞으로 일주일간 절대로 불평하지 말라. 입 밖으로 불평을 내뱉는 것뿐 아니라 머릿속으로 생각하는 것도 안 된다. 일주일 내내 지켜야 한다. 이유는? 처음 며칠은 이전에 달라붙은 '쓰레기의 잔해'가 남아 있을 수 있기 때문이다. 안타깝게도 쓰레기는 빛의 속도로 움직이지 않는다. 쓰레기의 속도로 움직인다. 따라서 깨끗이 청소하려면 시간이 좀 걸린다.

내가 지금까지 수천 명에게 이 숙제를 내주었는데, 이 작은 훈련으로 인생이 크게 바뀌었다는 사람들에게 파묻힐 뻔했다. 장담하는데 삶의 쓰레기에 초점을 맞추지 않으면 쓰레기를 끌어당기지 않을 수 있고, 그러면 삶은 정말로 경이로워질 수 있다. 불평이 많은 편이었다면 지금 당장은 성공을 끌어들일 생각은 관두자. 중간에만 있어도 훌륭한 시작이다!

비난, 합리화, 불평은 진통제 같은 것이다. 스트레스를 완화해주는 약에 불과하다. 실패로 인한 스트레스를 줄여주는 것뿐이다. 생각해 보라. 실패하지 않은 사람이라면 과연 어떤 식으로든, 어떤 형태로든 비난하고 합리화하고 불평할 필요가 있을까? 당연히 그럴 이유가 없다.

지금부터 당신이 심하게 비난하고 합리화하고 불평하기 시작할 때마다 정신 똑바로 차리고 당장 그만두어라. 당신의 인생은 당신이 만들어가고 있다. 시시각각 당신의 삶에 성공을 끌어당기는 사람도, 쓰레기를 끌어당기는 사람도 당신이다. 지혜롭게 생각하고 말해야 한다!

자, 세계 최고의 비밀을 하나 익혀두자. 준비됐나? 잘 읽어보라. "부자 피해자는 없다!" 알아들었는가? 다시 말하겠다. "피해자처럼 구는 부자는 없다!"

게다가 누가 그런 말을 들어주겠는가? "아이고, 내 요트에 흠집이 났어." 그럼 대개의 사람들은 이렇게 말할 것이다. "그게 나랑 무슨 상관이야?"

피해자인 척하는 데 따르는 보상이 있다. 피해자처럼 굴어서 얻는 게 무엇일까? 그건 관심이다. 관심을 얻는 게 중요한가? 당연한 말씀이다. 어떤 형태로든 거의 모든 사람이 관심을 바란다. 그리고 그들이 관심을 먹고사는 이유는 중대한 착각을 하고 있기 때문이다. 대부분이 이런 착각을 하는데, 그들은 사랑과 관심을 혼동하고 있다.

끊임없이 관심을 원하는 사람은 진정한 행복과 성공을 누릴 수 없다. 이것은 틀림없는 사실이다. 다른 사람들의 관심을 갈망하다가 그들의 손에 휘둘리기 십상이라서 그렇다. 관심을 달라고 애원하는 '입 안의 사탕' 같은 사람이 될 것이다. 남의 비위를 맞추기에 급급한 사람 말이다. 지나치게 관심을 얻으려다 보면 어리석은 짓을 하기 마련이고 그것이 바로 문제다.

사랑과 관심을 구분해야 하는 이유는 이외에도 많다.

첫째, 더 성공할 수 있다. 둘째, 더 행복해질 수 있다. 셋째, '진정한' 사랑을 찾을 수 있다.

사랑과 관심을 혼동하는 사람들은 진정한 의미의 사랑을 하지 않는다. 대부분은 자기 이기심으로 사랑한다. '상대가 나에게 해주는 것을 사랑하는' 셈이다. 개인적인 필요에 의한 것일 뿐, 그런 관계는 둘 다에게 바람직하지 않다. 사랑과 관심을 분리하면 상대방을 있는 그대로 사랑할 수 있다.

자, 피해자처럼 구는 부자는 이 세상에 없다. 관심을 얻으려고 피해자의 자리에 머물러 있는 사람들은 결코 부자가 될 수 없다.

이제 결정하라. 피해자가 되겠는가 아니면 부자가 되겠는가? 둘 중 하나는 될 수 있지만 둘 다 될 수는 없다. 잘 들어보라! 당신이 남을 탓하고 합리화하고 불평할 때마다 어김없이 당신은 자신의 경제적인 목을 자르고 있다.

더 점잖고 부드러운 비유를 해달라고? 기대하지 말라. 나는 점잖고 부드러워지는 데 관심이 없다. 당신이 자신에게 대체 무슨 짓을 저지르고 있는지 확실히 보여주고 싶을 뿐이다! 나중에 당신이 부자가 되면 그때 좀 더 부드럽고 점잖아질 수 있다. 그럼 되지 않겠나?

당신의 힘을 되찾아라. 지금 당신의 삶에서 벌어지는 모든 일뿐 아니라 일어나지 않는 모든 일 또한 당신 자신이 만들었음을 인정하자. 부유함도 빈곤함도 그 사이에 있는 여타 경제적인 수준도 당신이 만드는 것이다.

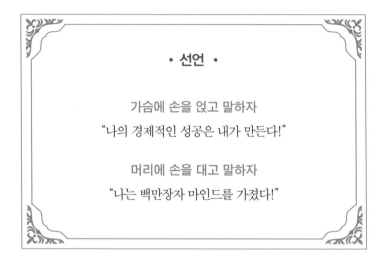

• 선언 •

가슴에 손을 얹고 말하자
"나의 경제적인 성공은 내가 만든다!"

머리에 손을 대고 말하자
"나는 백만장자 마인드를 가졌다!"

내 인생의 부는
내가 만든다

1 비난하고 합리화하고 불평하는 자신을 깨달을 때마다 집게손가락
   으로 목에 선을 그어라. 경제적인 목을 자르고 있다는 사실을 자
   신에게 일깨워 주는 행동이다.

   이 동작이 조금 천박하게 느껴지더라도 비난이나 합리화나 불평
   으로 자신에게 저지르고 있는 짓보다는 훨씬 덜 천박하다. 이런
   행동이 마침내 파멸을 부르는 습관을 떨쳐내게 해줄 것이다.

2 '보고'를 하라. 하루를 마무리할 때, 잘한 일 하나와 잘못한 일 하
   나를 적어라.

   그다음에 '내가 어떻게 이런 상황을 만들었는가?' 생각해 보라. 다
   른 사람이 관여된 일이면 '그 상황에서 내가 어떤 역할을 했는가?'
   자문해 보고 그에 대한 대답을 써라.

   이런 연습으로 자신의 인생을 책임질 수 있으며, 효과적인 전략과
   비효과적인 전략을 파악할 수 있을 것이다.

부자는 부를
목표로 한다

부자는 돈을 벌려고 머니 게임을 한다
가난한 사람은 손해를 보지 않으려고 머니 게임을 한다

가난한 사람은 머니 게임을 할 때 공격자세보다 수비자세를 취한다. 다음 질문에 대답해 보라. 스포츠 게임에서건 다른 게임에서건, 처음부터 끝까지 수비만 할 경우 승리할 확률이 얼마나 될까? 다들 동의하겠지만 희박하거나 전혀 없다.

그런데 머니 게임에서는 그렇게 수비만 하는 사람들이 꽤 있다. 그들의 일차적인 관심은 생존과 안전이지 재산과 풍요의 창출이 아니다. 당신의 목표는 무엇인가? 목적은 무엇인가? 진짜 이루고자 하는 것이 무엇인가?

부자들의 목표는 막대한 재산과 풍요를 이루는 것이다. 약간의 돈이 아니라 엄청나게 많은 돈을 목표로 한다. 가난한 사람들의 목표는 무엇인가? '먹고살 정도만 되면……. 언젠가 기적이 일어날 거야!'라고 막연한 기대만 한다. 끌어당기는 의지의 힘을 다시 강조해야겠다. 먹고살 정도의 돈을 목표로 삼으면 정확히 그만큼만 갖게 될 것이다. 생활비로 쓰고 나면 한 푼도 안 남을 만큼.

그나마 중산층 사람들은 아주 작은 걸음이긴 하지만 한 걸음 더 나아간다. 그들이 삶의 목표로 삼는 것은 이 넓은 세상에서 그들이 제일 좋아하는 단어이기도 하다. 그들은 그저 '편안해지고' 싶을 뿐이다. 이런 말하기 미안하지만 편안해지는 것과 부자가 되는 것은 하늘과 땅 차이다.

솔직히 과거에는 나도 이런 사실을 잘 몰랐다. 하지만 사방이 가로막혀 있는 상태를 직접 겪어보았기 때문에 이 책을 쓸 자격이 있다고 믿는다. 자동차 기름값이 없어서 1달러를 빌려야 할 정도로 빈털터리였던 시절도 있었다. 게다가 그 차는 내 차가 아니었고, 그 1달러는 지폐가 아니라 25센트짜리 동전 네 개였다. 나이를 먹을 만큼 먹은 남자가 동전 네 개로 기름값을 내는 게 얼마나 창피한 일인지 아는가? 주유소에서 일하는 아이는 처음에 자판기 동전을 털어온 강도인가 의심하는 눈초리로 나를 쳐다보다가 그 다음에 그저 고개를 흔들며 웃었다. 그때 나의 주머니 사정은 최악이었고 그런 경우가 그때 한 번만이 아니었다.

편안한 정도에 절대 머물지 말라

나는 각오를 다지며 '편안해지려는 마음의 수준'을 졸업했다. 편안한 것도 나름대로 좋았다. 최소한 기분전환 삼아 그럴싸한 레스토랑에 식사하러 갈 수도 있었다. 하지만 내가 그 상황에서 주문할 수 있는 메뉴는 닭고기가 고작이었다. 닭고기를 정말 먹고 싶었던 사람이라면 상관없는 일이겠지만 다른 메뉴를 고르고 싶을 때가 더 많지 않은가.

사실 경제적으로 편안한 정도의 사람들은 가격표가 있는 메뉴판의 오른쪽을 보면서 무얼 먹을지 결정한다.

"오늘 저녁에 뭘 먹고 싶어, 자기야?"

"7달러 95센트짜리 이걸 먹을래. 그게 뭔지 보자. 우와, 놀라워라, 닭고기잖아." 이번 주에 벌써 19번째 먹는 닭고기 요리다!

경제적으로 편안한 수준에서는 감히 메뉴 아래쪽으로 시선을 돌릴 수 없다. 그랬다가는 중산층의 사전에 가장 금지된 단어와 부딪힐 수 있으니까. '시가市價!' 말이다. 호기심이 생겨도 그 음식 가격이 얼마냐고 물어보지 못한다. 첫째, 그걸 주문할 수 없다는 사실을 알고 있으니까. 둘째, 웨이터가 사이드 디시side dish는 별도이며 49달러라고 했을 때, "이거 참, 오늘은 왠지, 닭고기가 무지하게 먹고 싶어지는군요!"라는 당신의 말을 웨이터가 곧이곧대로 믿지 않을 테니까. 그럼 당신은 무척 당혹스러울 거다.

내가 부자라서 좋은 점 하나는 더 이상 메뉴 가격을 살피지 않아도 된다는 것이다. 가격에 상관없이 내가 먹고 싶은 것을 먹을 수 있다. 분명히 말하지만 내가 파산 직전 상태였거나 편안한 정도의 수준이었을 때는 그렇게 하지 못했다.

한마디로 요약하면 이렇다. 당신의 경제적인 목표가 편안한 정도의 수준이라면 부자가 되지 못할 것이다. 하지만 부자가 목표라면 지극히 편안해질 것이다.

우리 세미나에서는 "별을 향해 쏘면 적어도 달을 맞출 수 있다."고 가르친다. 가난한 사람들은 자기 집 천장조차 겨냥하지 않으면서 자신이 성공하지 못하는 이유를 궁금해한다. 정말 왜 그럴까?

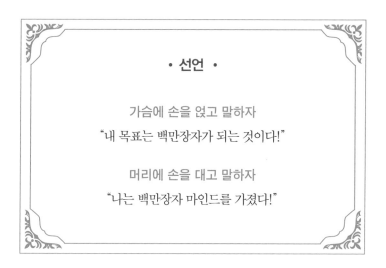

· 선언 ·

가슴에 손을 얹고 말하자
"내 목표는 백만장자가 되는 것이다!"

머리에 손을 대고 말하자
"나는 백만장자 마인드를 가졌다!"

부자는 부를
목표로 한다

1 평범한 정도를 넘어 부자가 되겠다는 의지가 드러나도록 경제적
목표를 적어라.
아래 나오는 2가지의 달성 목표를 적어라.

    a. 연소득 _____

    b. 순자산 _____

이 목표를 성취할 수 있도록 현실성 있는 계획을 세워라. 그와 동
시에 "별을 쏘아야 한다."는 점도 명심하라.

2 고급 레스토랑에 가서 가격을 묻지 말고 '시가'라고 쓰여 있는 음
식을 주문하라. (가진 돈이 부족하면 한 그릇을 나눠 먹어도 된다.)
추신 : 닭고기는 사절이다!

부를 꿈꾸고 헌신하는 사람만이 부자가 된다

부자는 부자가 되기 위해 집중하고 헌신한다
가난한 사람은 부자가 되기를 바라기만 한다

부자가 되고 싶냐고 물으면 대개의 사람들은 어이없는 표정으로 쳐다본다. 그러고는 "당연히 되고 싶죠."라고 한다. 하지만 그들은 사실 부자가 되고 싶지 않다. 이유는? 그들의 무의식 속에 부자가 되면 안 되는, 부정적인 정보들이 수두룩하기 때문이다.

우리 세미나에서는 "부자가 되었을 때 혹은 부자가 되려고 노력하는 것에 대해 떠오르는 부정적인 생각들을 말해보라."고 한다.

이때 사람들의 답변 몇 가지를 여기에 적어보겠다. 당신의 답변

97

중 여기 포함된 것이 있는지 살펴보라.

"벌었다가 다 잃게 되면 어떡해요? 그럼 진짜 패배자가 되는 거 잖아요."

"사람들이 나를 좋아하는 건지 내 돈을 좋아하는 건지 알 수 없 게 되겠죠."

"고소득자로 등록되면 정부가 내 돈의 절반을 빼앗아갈 겁니다."

"뼈 빠지게 일해야 하잖아요."

"그 와중에 건강이 나빠질 수도 있어요."

"친구나 가족들이 '네가 뭔데? 대단한 인물인 줄 아냐?'고 비웃 을 거예요."

"여기저기서 도와달라고 할 걸요."

"강도의 표적이 될 수 있어요."

"내 아이들이 유괴범한테 납치당할지도 몰라요."

"책임질 게 너무 많아요. 그 돈을 다 관리해야 하잖아요. 투자하 는 법도 배워야 하고, 세금 문제도 고민해야 하고, 재산을 유지하 는 것도 걱정이고, 비싼 회계사와 변호사도 써야 하고. 어휴, 골치 아파."

그 외에도 줄줄이 이어진다.

앞에서 말한 것처럼 우리의 마음속에는 머니 파일이 들어 있다. 이 파일 속에는 부자가 되면 이런저런 점들이 좋을 것이라고 생각 하는 부분도 있지만, 부자가 되면 이런저런 점이 안 좋을 것이라고 생각하는 정보들도 같이 들어 있다. 하나의 생각상자 안에서 그런 내용들이 뒤섞인다.

한쪽에서 "돈이 많으면 훨씬 즐거운 인생을 살 수 있어."라고 흥분해서 외칠 때, 다른 한쪽에서는 "하지만 개처럼 일해야 하잖아. 그게 무슨 재미야?"라고 비명을 지른다.

한쪽에서 "세계를 여행할 수 있어."라고 말하면 다른 쪽에서는 "그래, 세상 모든 사람이 너한테 손을 벌리겠지."라고 빈정댄다. 이렇게 뒤섞인 메시지들이 무슨 해가 되겠나 싶겠지만 사실은 그 때문에 많은 사람들이 부자가 되지 못하는 것이다.

이런 식으로 생각해 보자. '저 높은 곳의 힘', 즉 우주는 커다란 통신판매 부서와 비슷하다. 끊임없이 사람과 사건과 상황들을 당신에게 보내고 있다. 그리고 당신이 어떤 것을 믿고 있을 때 그것과 관련한 일정한 메시지를 우주에 보내게 된다.

말하자면 원하는 것을 그대로 보내달라고 주문을 하는 것이다. 우주는 끌어당김의 원칙에 흔쾌히 응하며 당신이 주문한 것을 발송해 주려고 최선을 다한다. 그런데 당신의 파일에 들어 있는 메시지가 뒤죽박죽이면 우주는 당신이 원하는 것이 도대체 무엇인지 알아낼 수 없다.

부자가 되고 싶다고 해서 부자가 될 수 있는 기회들을 발송하기 시작했는데 곧이어 '부자는 탐욕스럽다.'는 메시지가 들어오면 부자가 되지 않는 쪽으로 지원해 주기 시작한다. 그 후에 또다시

'돈이 많으면 사는 게 즐거워질 거야.'라는 메시지가 들어오자, 우주는 혼란스럽고 당황스러워하며 부자가 될 수 있는 기회를 다시 보내기 시작한다. 그런데 다음 날 기분이 무척 울적해진 당신이 '돈 따위는 중요하지 않아.'라고 생각하면 마침내 우주는 화가 나서 고함을 친다. "빌어먹을! 확실하게 마음을 정하란 말이야! 원하는 걸 줄게. 그게 뭔지 말만 하라고!"

바라는 걸 갖지 못하는 이유는 자신이 뭘 바라는지 모르기 때문이다. 부자들은 부자가 되고 싶다는 점에서 대단히 명확하다. 이 소망은 흔들리지 않는다. 부자가 되기 위해 물심양면으로 노력한다. 합법적이고 도덕적이고 윤리적인 일이기만 하면 부자가 되기 위해 '필요한 일은 무엇이든' 한다. 우주에 혼란스러운 메시지를 보내지도 않는다. 그런 것은 가난한 사람들이 하는 일이다.

(그런데 이쯤에서, 당신이 "합법? 도덕? 윤리? 부자들은 그런 것에 신경 안 써."와 비슷한 말을 중얼거리고 있다면 이 책을 선택하길 아주 잘했다. 그것이 얼마나 해로운 사고방식인지 곧 알게 될 것이다.)

가난한 사람들은 부자가 되었을 때 생길 법한 문제들을 아주 많이 생각해 낸다. 그 결과, 부자가 되고 싶다는 100퍼센트의 확신이 없다. 우주에 보내는 메시지는 혼란스럽고 타인에게 보내는 메시지도 오락가락한다. 왜 이런 혼란이 일어나는가? 자신에게 보내는 메시지가 혼란스러워서다.

앞에서 끌어당기는 힘이 실제로 존재한다고 말한 바 있다. 당장은 믿기 힘들다는 것을 안다. 하지만 당신은 언제나 원하는 것을 얻고 있다. 원한다고 '말'하는 것이 아니라 '무의식적으로' 원하는 것을 말이다.

단호하게 부인하는 사람도 있다. "미쳤군요! 내가 왜 부자가 되는 걸 싫어하겠어요?" 그러면 나는 이렇게 물어본다. "내가 그걸 어떻게 알겠습니까? 정말, 왜 그렇게 궁핍하게 살고 싶어 하죠?"

이유를 알고 싶으면 세미나에 참석해 보라. 당신의 경제 청사진에 어떤 그림이 그려져 있는지 알게 될 것이다. 해답이 빤히 들여다보일 것이다. 솔직히 말해서 당신이 원한다고 말하는 정도의 부를 이루지 못하고 있다면 대개는 다음 2가지 이유 때문이다.

첫째, 무의식적으로 부자가 되길 원치 않기 때문이다.

둘째, 부자가 되기 위해 필요한 일들을 할 마음이 없는 것이다.

더 깊이 있게 들어가 보자. 소망에는 3가지 차원이 있다.

첫째, '부자가 되고 싶다.'고 생각하는 차원이다. 달리 표현하면 '그게 내 무릎에 떨어지면 집어 들겠다.'는 태도다. 원하는 마음만으로는 소용없다. 갖고 싶다고 해서 그것을 꼭 갖게 되던가? 그렇지 않다. 갖지 못한 채 바라기만 하면 더 많이 바라게 된다. 바라는 마음은 어느새 습관이 되어 앞으로 움직이지 못하고 제자리에서 뱅뱅 맴돌 뿐이다.

부자는 되고 싶다고 해서 되는 게 아니다. 이게 사실이라는 증거를 보고 싶은가? 현실을 살펴보면 간단하다. 부자가 되고 싶어

하는 사람은 수십억 명이지만 실제 부자는 적다.

둘째, '부자가 되기로 했다.'라고 말하는 차원이다. 여기에는 부자가 되겠다는 결심이 따른다. 결심은 보다 강력한 에너지를 발하는데 결심한 바를 이루겠다는 책임의식이 동반된다. '결심decision'이라는 단어는 라틴어 'decidere'에서 유래한 것으로 '다른 대안들을 잘라 없애다.'라는 뜻이다.

셋째, '부자가 되기 위해 헌신'하는 행동의 차원이다. '헌신'은 '전적으로 전념하여 노력한다.'는 뜻이다. 망설이거나 도망갈 궁리를 하지 않고, 부자가 되고자 하는 목표를 위해 가지고 있는 것을 100퍼센트 쏟아붓는 것이다.

시간이 얼마가 걸리건 해야 할 일은 무엇이든지 한다. 전사처럼 싸운다. 핑계는 없다. '만약의 경우'도, '하지만'도, '어쩌면'도 없다. 실패는 고려하지 않는다. 전사가 싸우는 것처럼 '부자가 되거나 싸우다 죽거나!'라는 각오로 임한다.

부자가 될 수 있다는 확신으로 전력을 다하라

"부자가 되기 위해 헌신하겠다."고 중얼거려 보라. 어떤 기분이 드는가? 힘이 샘솟는 사람도 있겠고 겁이 나는 사람도 있을 것이다.

대개의 사람들은 부자가 되기 위해 진심으로 헌신하지 않는다. "앞으로 10년 후에 부자가 되어 있을 것 같나요?"라고 물으면 그들은 대답할 것이다. "턱도 없어요!" 이게 부자와 가난한 사람의 차이다. 그들은 진심으로 부자가 되려고 헌신하지 않기 때문에 지금 부자가 아닌 것이고 앞으로도 부자일 가능성이 희박하다.

"이봐요, 무슨 당치도 않은 이야기야? 내가 얼마나 열심히 노력하는데! 무진장 애쓰고 있단 말이오. 등골이 휘어지도록!" 이렇게 말하는 사람들이 있을 것이다. 당신에게 이렇게 권고한다. "당신의 노력이 아직 모자란 것이다. 헌신하려면 전폭적으로 공을 들여야 한다." 여기서 중요한 단어는 '전폭적으로'다. 모두 다 쏟아부어야 한다.

경제적으로 성공을 거두지 못한 사람들은 모험하고 희생하려는 정도에 한계를 그어두고 있다. 뭐든지 하겠다고 생각하지만, 더 깊이 들어가 보면 성공을 위해서 이 정도의 일은 할 수 있고 그 이상의 일은 할 수 없다는 조건들이 정해져 있다!

미안하지만 부자가 된다는 것은 공원에 한가로이 산책을 나가는 게 아니다. 이와 다르게 말하는 사람이 있다면 나보다 훨씬 많이 아는 사람이거나 진정성이 좀 부족한 사람이다.

부자가 되기 위해서는 집중력, 용기, 지식, 전문기술, 100퍼센트의 노력, 포기하지 않는 태도, 그리고 당연히 백만장자 마인드가 필요하다. '부자가 될 수 있다. 부자가 될 자격이 있다.'고 진정으로 확신해야 한다. 완전히, 전적으로, 진심으로 부자가 되기 위해 헌신하지 않으면 가능성은 없다.

하루 16시간씩 일할 수 있겠는가? 부자들은 그렇게 한다. 주말을 반납하고 일주일 내내 일하겠는가? 가족이나 친구들과의 만남을 희생하고 여가생활과 취미를 포기해도 괜찮겠는가? 부자들은 그렇게 한다. 확실한 보장이 없어도 시간과 에너지와 초기 자본을 모험에 걸 수 있는가? 부자들은 그렇게 한다.

얼마나 길어질지 모르는 그 기간 동안 부자들은 위에서 말한 일을 모두 할 자세가 되어 있다. 당신은 어떤가?

오래 힘들게 일하지 않아도 무엇 하나 희생하지 않아도, 운 좋게 가능할 수도 있다. 그걸 바랄 수는 있다. 하지만 부자는 거기에 기대지 않는다. 부자들은 필요한 일을 뭐든지 다 할 자세로 헌신한다.

그런데 재미있는 것은 당신이 헌신할 때 우주도 당신에게 힘을 보태주려고 최선을 다한다는 점이다. 탐험가 W. H. 머레이Murray는 첫 번째 히말라야 등정을 할 당시에 이런 말을 했다.

"헌신하기 전에는 망설임이 있다. 물러설 기회가 있다. 그러나 어떤 일을 시작하거나 개척하려 할 때 가장 기본이 되는 진리가 하나 있다. 그것을 모르면 수많은 아이디어와 기막히게 좋은 계획들도 소용없다."

그것은 자신을 확실하게 내주며 헌신할 때, 하늘도 움직인다는 것이다. 헌신하겠다는 굳은 각오로부터 모든 사건의 흐름이 시작된다. 예상하지 못한 일, 만남, 물질적인 원조, 기타 모든 것들이 나에게 다가온다. 누구도 꿈꾸지 못한 일들이 나의 앞길에 찾아온다.

다시 말해서 우주가 당신을 돕고 인도하고 지원하며 기적까지도 만들어 낼 것이다. 하지만 그 전에 먼저, 당신이 헌신해야 한다!

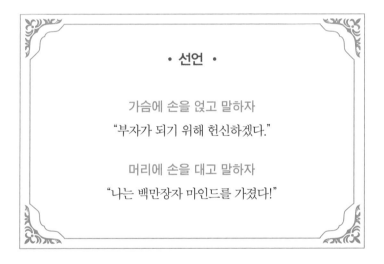

· 선언 ·

가슴에 손을 얹고 말하자
"부자가 되기 위해 헌신하겠다."

머리에 손을 대고 말하자
"나는 백만장자 마인드를 가졌다!"

부를 꿈꾸고 헌신하는
사람만이 부자가 된다

1 부자가 되어야 하는 이유를 짧은 문장으로 적어라. 구체적이어야
   한다.

2 힘이 되어줄 친구나 가족을 만나라. 큰 성공을 이뤄내기 위해 헌
   신의 힘을 불러내고 싶다고 말하라. 가슴에 손을 얹고 그 사람의
   눈을 쳐다보며 이렇게 말하라.

   "나, _____(이름)은 지금부터 _____(날짜)까지
   백만장자가 되기 위해 헌신하겠습니다."
   그 사람에게 이 말을 해달라고 하라. "널 믿는다."
   그 후에 당신이 대답하라. "고마워."

   헌신하겠다고 선언하기 전과 후의 느낌이 어떻게 다른가? 자유가
   느껴진다면 제 길에 들어섰다. 약간 두렵다면 그것도 제 길에 들
   어선 셈이다. 그런 행동을 하는 게 귀찮다면 아직 '무슨 일이든 다
   하겠다는 의지가 없는' 상태이거나 '그렇게 이상한 걸 왜 해야 하
   나.'라고 회의하는 상태일 것이다. 다시 말하지만 당신의 그 방식
   이 지금 그 자리에 당신을 데려다 놓았다.

크게 생각하는 사람이 크게 이룬다

부자는 크게 생각한다
가난한 사람은 작게 생각한다

한번은 우리 세미나에 순자산 25만 달러를 불과 3년 만에 6,000만 달러로 불린 부자를 특별 초빙한 적이 있다. 비결을 묻자 그가 대답했다. "크게 생각하기 시작하니까 모든 게 달라지더군요." 소득의 법칙이라는 게 있다. "당신이 받는 보상은 당신이 시장에 부여하는 가치에 비례한다."

여기서 중요한 단어는 '가치'이다. 시장 가치를 결정하는 4가지 요소가 무엇일까? 수요와 공급, 양과 질이다. 대개의 사람들에게 가장 문제 되는 요소는 양이다. 양적인 요소는 '당신의 가치를 얼마나 많이 시장에 전달하는가?' 하는 부분이다.

바꿔 말하면 얼마나 많은 사람들에게 도움을 주거나 영향을 미치는가가 중요하다. 예를 들어보자. 나와 일하는 트레이너들 중에 20명 정도의 소그룹 지도를 좋아하는 사람들이 있다. 100명 정도가 적당하다고 하는 사람, 500명쯤의 청중을 선호하는 사람, 1,000명에서 5,000명 이상의 청중에게 강의하는 걸 기뻐하는 사람도 있다. 이 트레이너들의 수입에 차이가 있을까? 당연히 있다!

네트워크 마케팅network marketing 사업을 생각해 보자. 자신의 아래에 10명이 있는 사람과 1,000명이 있는 사람의 수입에 차이가 있을까? 물론이다!

앞에서 내가 스포츠용품점 체인을 가지고 있다고 했는데 이 사업을 시작할 때부터 나의 목표는 수만 명의 고객이 드나드는 성공적인 점포 100곳을 확보하는 것이었다. 그런데 나보다 6개월 늦게 사업을 시작한 경쟁자는 잘되는 점포 하나만 운영하는 것이 목표였다. 결국 그녀는 적당히 살아갈 만큼 벌었고 난 부자가 되었다!

당신은 어떤 인생을 살고 싶은가? 어떻게 게임하고 싶은가? 메이저리그에서 뛰고 싶은가, 동네 야구단에서 뛰고 싶은가? 크게 놀고 싶은가, 작게 놀고 싶은가? 당신이 선택하라.

대개의 사람들은 작게 노는 쪽을 택한다. 왜냐고? 첫째, 두려워서다. 실패하는 게 두렵고 성공하는 것은 더 두렵다. 둘째, 자신을 작게 여기기 때문에 작게 논다. 자기 가치를 평가절하하는 것이다. 자신이 다른 사람들의 삶에 큰 차이를 만들어낼 수 있을 정도로 중요하거나 훌륭한 인물이 아니라고 생각한다.

자신의 재능으로 사명을 다하라

하지만 실은 이렇다. 당신의 인생에는 당신만 관여되어 있는 것이 아니다. 타인들도 엮여 있다. 당신이 지금 이때, 이 땅에, 바로 여기에 있는 이유가 분명 있을 것이고 그 사명을 다하기 위해 노력해야 할 의무가 있다. 당신의 퍼즐 조각을 세상에 더해야 한다. 오로지 자신에게 매몰되어 있으면 모든 게 나를 중심으로만 돈다. 즉 나만 생각한다. 하지만 진정한 의미의 부자가 되려면 나 혼자가 아니라 타인의 삶에도 가치를 더해줄 수 있어야 한다.

발명가이자 철학자인 벅민스터 풀러Buckminster Fuller가 말했다. "우리 삶의 목적은 이 세대와 후세대에게 가치를 더하는 것이다."

우리 모두 타고난 재능이 있다. 특별히 잘하는 것들이 하나씩은 있지 않은가? 이런 재능이 왜 주어졌을까? 그만한 이유가 있을 것이다. 혼자만 간직할 게 아니라 남에게 활용하고 나눠주어야 한다. 조사에 의하면 제일 행복한 사람들은 타고난 능력을 최대한 활용하는 사람이다. 당신이 이번 생에서 해야 할 일은 그 능력과 가치를 최대한 많은 사람들에게 나눠주는 것이다. 그러려면 크게 움직이려는 의지를 다져야 한다.

기업가의 정의를 아는가? 나는 "수익을 얻으며 사람들의 문제를 해결하는 사람"이라고 말한다. 그렇다. 기업가는 '문제 해결사'다.

하나 물어보자. 많은 사람의 문제를 해결하는 편이 나을까, 단 몇 사람의 문제를 해결하는 편이 나을까? 많은 쪽이 낫다면 더 크게 생각하라. 수천 명이든 수백만 명이든 좀 더 많은 사람을 돕겠다고 결정하라. 돕는 사람이 많아질수록 더 많은 부산물이 따른다. 정신적으로, 정서적으로, 영적으로 그리고 경제적으로도.

의심하지 말라. 지구상의 모든 사람에게는 타고난 사명이 있다. 당신이 지금 살고 있는 건 그만한 이유가 있어서다. 《갈매기의 꿈Jonathan Livingston Seagull》에서 리차드 바크Richard Bach는 한 질문을 받는다. "내 사명을 완수했는지 어떻게 알아?" 대답은 이렇다. "아직 숨을 쉬고 있다면, 할 일을 다 하지 못한 것이다."

자기 '할 일'을 안 하는 사람과 '의무'를 행하지 않는 사람들이 너무 많은 것 같다. 작게 움직이는 데 그저 만족한 채, 두려움에 매여 있는 에고ego의 지배를 받으며 살아간다. 결과적으로 자신의 삶에서도, 타인에게 기여하는 부분에서도 잠재력을 발휘하지 못한다.

한마디로 압축하겠다. 당신이 아니면 누가 하겠는가?

누구나 자신만의 특별한 쓰임새가 있다. 당신이 부동산을 구입해서 임대업을 한다고 가정해 보자. 당신의 사명은 무엇인가? 어떻게 도움을 제공하는가? 집을 갖지 못한 사람들에게 살기 좋은 집을 제공해줌으로써 지역사회에 가치를 더할 수 있다. 여기서 나올 수 있는 질문은 '몇 명이나, 몇 가족이나 돕고 싶은가?' 하는 점이다. 한 명보다는 열 명, 열 명보다는 스무 명, 스무 명보다는 백 명을 돕는 게 낫지 않을까? 이것이 바로 크게 움직이라는 말의 의미다.

매리앤 윌리엄슨Marianne Williamson은 자신의 저서 《사랑으로의 귀환A Return to Love》에서 이렇게 말했다.

당신은 하느님의 아이입니다. 당신이 작게 움직이면 세상에 기여하지 못해요. 주위 사람들을 불안하게 만든다고 생각하며 스스로 움츠러드는 행동은 오히려 좋지 않아요. 우리 모두 빛나야 해요. 아이들이 주위를 환히 밝히는 것처럼. 우리는 우리 안에 있는 하느님의 영광을 드러내기 위해 태어났어요. 그것은 몇몇 사람의 안에만 있는 게 아니라 모든 사람의 안에 있지요. 나를 빛나게 하는 일은 다른 사람들도 똑같이 빛날 수 있도록 허락해 주는 것과 같아요. 우리가 자신의 두려움에서 자유로워지면 자연히 우리의 존재가 다른 사람들을 자유롭게 합니다.

작게 움직이는 사람들이 세상에 많다. 숨은 곳에서 어서 걸어

나와라. 손을 내밀지 말고 손을 잡아주어라. 재능이 없는 척 꼭꼭 묻어두지 말고 드러내서 나눠주어라. 인생이라는 게임을 '크게' 벌여라.

작은 생각과 작은 행동은 부족한 삶과 만족이 없는 생활로 이어진다. 큰 생각과 큰 행동은 성공과 의미 있는 삶을 둘 다 가질 수 있게 한다. 선택은 당신의 몫이다!

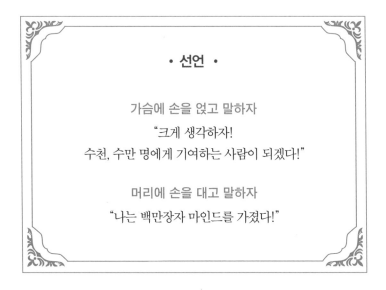

· 선언 ·

가슴에 손을 얹고 말하자
"크게 생각하자!
수천, 수만 명에게 기여하는 사람이 되겠다!"

머리에 손을 대고 말하자
"나는 백만장자 마인드를 가졌다!"

크게 생각하는 사람이 크게 이룬다

1 자신의 '타고난 재능'을 생각해서 적어라.

어려서부터 늘 잘했던 일들이 그 예가 될 것이다.

이 재능을 당신의 인생과 직업에 적극적으로 활용할 수 있는 방법

과 분야를 적어라.

2 지금 하는 일이나 사업상 관련된 사람보다 열 배 많은 사람들을

끌어들일 수 있는 방법을 적어라.

그 방법을 다른 사람들과 상의하라.

최소한 3가지 전략을 짜라. 지렛대 원리도 생각해 보라.

행동하는 것이 행동하지 않는 것보다 낫다

부자는 기회에 집중한다
가난한 사람은 장애물에 집중한다

부자들은 기회를 본다. 가난한 사람들은 문젯거리를 본다. 부자는 앞으로 다가올 성장을 본다. 가난한 사람들은 앞으로 다가올 손실을 본다. 부자들은 보상에 집중한다. 가난한 사람들은 위험에 집중한다.

우리가 익히 잘 아는 "컵에 물이 반이나 찼는가, 반이나 비었는가?"의 문제다. 긍정적인 혹은 부정적인 생각을 이야기하려는 게 아니다. 세상을 바라보는 당신의 습관적인 견해를 말하는 것이다. 가난한 사람들은 두려움을 바탕으로 선택한다. 이 상황에서 무엇

114

이 잘못될까, 무엇이 잘못될 수 있을까를 계속 생각한다. '잘못되면 어쩌지?', '잘 안 될 거야.' 이런 것이 그들의 주된 마인드다.

중산층 사람들은 조금 더 낙관적이다. '잘 됐으면 좋겠다.'는 마인드를 갖고 있다.

부자들은 자기 삶의 결과에 책임을 지고 '내가 잘되게 만들 거니까 잘될 것이다.'라는 마인드로 행동한다.

지금 당장 게임에 돌입하라

부자들은 성공을 기대한다. 자신의 능력을 확신하고 독창성을 믿는다. 문제가 생기면 해결할 방법을 찾을 수 있다고 생각한다. 일반적으로 보상이 클수록 위험도 크다. 부자들은 끊임없이 기회를 바라보기 때문에 기꺼이 위험을 감수한다. 상황이 최악으로 치닫더라도 언제나 자기가 들인 돈을 되찾을 수 있다고 믿는다.

반면에 가난한 사람들은 실패를 기대한다. 자신과 자신의 능력에 확신이 없다. 일이 잘되지 않으면 파멸이라고 여긴다. 끊임없이 문젯거리를 보기 때문에 위험을 감수하는 게 마땅치 않다.

위험을 기꺼이 감수한다는 것은 실패를 순순히 받아들인다는 말이 아니다. 부자들은 '근거 있는' 위험에 뛰어든다. 치밀하게 조사하고, 부지런히 움직이고, 확실한 정보와 사실을 기반으로 결정한다. 그렇다면 부자들은 뭐든지 다 알고 있을까? 미리 다 알고 덤비는 걸까? 아니다. 최대한 짧은 시간 내에 할 수 있는 일을 하고, 그다음에 들어오는 정보를 토대로 공격의 수위와 수준을 결정한다.

가난한 사람들도 기회가 오면 잡을 준비가 되어 있다고 주장한다. 하지만 그들이 하는 일이라고는 '핑계 대며 시간 벌기'가 고작이다. 덤벼들기가 무서워서 우물쭈물 망설인다. 몇 주일, 몇 달, 심지어 몇 년까지 미뤄두다가 대개는 기회를 잃어버린다. 기회를 놓치고 나서 그 상황을 합리화한다. '준비하는 중이었다.'는 식으로. 물론 그럴 것이다. 하지만 당신이 준비하고 있는 동안 부자들은 뛰어 들어갔다 빠져나와 또 한몫의 재산을 챙긴다.

내 말이 모순되게 들리는가? 자율적인 책임을 강조하지 않았냐고 반박하고 싶은가? 물론 부자가 되거나 성공하는 데에는 행운이라는 요소도 일말의 작용을 한다.

축구 경기에서 종료 시간 몇 분 전에 상대편 선수가 어이없는 실수로 공을 놓쳐서 당신의 팀에 승리를 안겨줄 수도 있다. 골프 경기에서 잘못 친 공이 저 멀리 나무에 맞았다가 그린으로 다시 날아와 홀에서 바로 10센티미터 떨어진 곳에 안착할 수도 있다. 외딴 지역에 약간의 자금으로 땅을 사두었는데 10년 후에 어느 대기업이 그 땅에 본사나 쇼핑센터를 짓기로 결정할 수도 있다. 여기에 투자한 사람은 하루아침에 부자가 된다. 그렇다면 이것이 그의 뛰어난 사업 감각 덕분일까, 단순한 행운일까? 내가 보기에는 2가지가 모두 섞여 있는 것 같다.

요점은, 행운을 포함하여 가치 있는 것은 모두 다 당신이 행동하지 않는 한 찾아오지 않는다는 것이다. 경제적으로 성공하려면 어떤 식으로든 행동해야 한다. 뭔가를 사거나 무언가를 시작해야 한다.

당신의 용기와 노력에 대해 기적적인 성공을 안겨 준 것은 행운일까, 우주 또는 저 높은 곳의 힘일까? 나한테 물어본다면 이렇게 답하겠다. "그게 무슨 상관인가. 어쨌거나 잘되었는걸!"

원하는 것에 집중하라

여기서 또 하나의 핵심 원칙은 부자는 원하는 것에 집중하는 반면에 가난한 사람들은 원하지 않는 것에 집중한다는 점이다. 우주의 원칙에 따라 집중하는 곳이 커지기 마련이다.

부자는 어디서나 기회를 찾아보기 때문에 그들에게는 기회가 무궁무진하다. 문제는 엄청나게 벌 수 있는 그 기회들을 다 어떻게 처리하느냐는 것이다. 가난한 사람들은 어디서나 장애물을 찾아보기 때문에 그들에게는 장애물이 무궁무진하고 그 많은 장애물들을 어떻게 처리해야 하는가가 가장 큰 문제다.

간단하다. 당신의 관심이 어디로 향해 있느냐에 따라 찾는 것과 얻는 것이 결정된다. 기회를 노리고 있으면 기회를 얻는다. 문젯거리를 노려보고 있으면 문젯거리들이 생겨난다. 물론 문제가 생겼을 때 그걸 처리하지 말라는 말이 아니다. 문제가 생기면 당연히 해결해야 한다. 현시점에서 해결책을 찾아라.

하지만 목표를 바라보는 시선은 고정시켜라. 과녁을 향해 계속 움직여라. 원하는 것을 이루기 위해 시간과 에너지를 써라. 장애물이 생기면 문제를 해결하고 그다음에 얼른 자신의 비전을 다시 쳐다보라. 문제를 해결하려고 동분서주하는 인생을 만들지 말라. 불끄는 데 시간을 다 허비하지 말라. 그런 사람들은 후퇴한다! 목표를 향해 꾸준히 전진하라. 목표를 생각하고 행동하는 데 시간과 에너지를 써라.

단순하고도 중요한 충고 하나 들어보겠는가? 부자가 되려면 돈을 벌고, 관리하고, 투자하는 데 관심을 기울여라. 가난해지려면 돈을 쓰는 데 관심을 쏟아라. 1,000권의 책을 읽고 성공 강의를 100번 들었더라도 사실은 이 말이 요점이다. 명심하라. 당신의 시선이 가 있는 곳이 커지게 되어 있다.

더욱이 부자들은 필요한 정보를 미리 다 알 수 없다는 걸 인정한다. 우리는 훈련 프로그램을 통해 사람들이 내면의 힘을 길러 성공할 수 있도록 교육하고 있는데 여기서 가르치는 원칙 하나가 '준비, 발사, 조준!'이다. 이게 무슨 말인가? 준비하고 조준한 다음에 발사하는 게 정석 아닌가? 우리의 생각은 다르다. 최대한 짧은 시간 내에 최선의 준비를 하고, 행동을 취하고, 그 후에 수정작업을 거치며 계속 나아가면 된다.

미래에 일어날 일을 다 알 수 있다고 말하는 사람은 정상이 아니다. 언젠가 일어날 수도, 일어나지 않을 수도 있는 상황을 모조리 준비해 놓으면 잘못되는 일이 절대 없을 거라고 믿는 사람은 심각한 망상에 빠져 있는 것이다.

우주에는 직선이 없다. 삶은 똑바로 뻗은 선을 따라 움직이지 않는다. 굽이굽이 흐르는 강물의 움직임과 더 흡사하다. 대개는 다음 굽이밖에 보이지 않고 그다음 굽이를 돌고 나면 또 다른 굽이가 보이는 식이다.

그렇다면 지금 있는 곳에서 지금 가진 것으로 게임을 시작하는 편이 낫다. 나는 이것이 가능성의 문이 많은 복도에 들어가는 것과 비슷하다고 생각한다.

몇 년 전에 24시간 디저트 카페를 차리려고 계획할 때의 일이다. 가게 위치를 연구하고 시장조사를 하고 필요한 장비들을 알아보려고 뛰어다녔다. 케이크, 파이, 아이스크림, 커피 등 어떤 메뉴를 내놓을지도 조사했다. 제일 먼저 닥친 문제는 내가 뚱뚱해졌다는 것이다! 메뉴를 확인하면서 먹은 것들이 다 살이 되어버렸다. 그래서 나는 나 자신에게 물어보았다. "이봐, 하브, 제일 좋은 조사방법이 뭘까?" 그랬더니 나보다 훨씬 똑똑한 게 분명한 하브가 대답했다.

"사업을 배우고 싶으면 그 업종으로 뛰어들어. 처음부터 가게를 차릴 필요는 없어. 목표를 이룰 수 있는 복도로 들어가는 거야. 그런 가게에 취직해. 가게 청소하고 접시만 닦아도 밖에서 10년 조사한 것보다 더 많이 알게 될 거다." (확실히 이 녀석은 나보다 훨씬 똑똑하다.)

그래서 난 그렇게 했다. 한 파이 가게에 취직을 했다. 그들이 나를 보자마자 나의 탁월한 재능을 알아보고 사장 자리에 앉혔다고 말할 수 있으면 얼마나 좋겠는가. 슬프게도 그들은 지도자로서의 내 능력을 알아보지 못했고 실은 관심도 없었다. 난 웨이터 보조 일을 하게 되었다. 그렇다. 바닥도 청소하고 접시도 닦았다. 의지의 힘이 이런 데서까지 작동하다니 재미있지 않은가? 그런 거라도 해야겠다고 생각했더니 바로 그 일을 하게 되었다.

누군가는 그 일을 하면서 자존심 상하는 걸 꾹꾹 참아야 했을 거라고 생각할지 모르지만 나는 상황을 그런 식으로 보지 않았다. 파이 사업을 배우겠다는 사명을 안고 시작한 일이었다. 다른 사람이 미리 돈 주고 구입한 '티켓'으로 배울 기회를 얻었고 덤으로 쌈짓돈도 챙길 수 있으니 감사할 따름이었다.

웨이터 보조로 일하는 동안 매니저 옆에서 총수입과 수익에 관한 문제들을 같이 고민하며 많은 시간을 보냈다. 공급업체 이름을 알아내려고 물품 상자들을 확인해 보기도 했고, 장비와 재료뿐 아니라 발생 가능한 문제들까지 배우려고 새벽 4시에 제빵사의 심부름도 했다. 일주일이 지났을 때, 아마 내가 꽤 일을 잘했던 모양이다. 매니저가 부르더니 파이를 한 조각 주면서 승진을 시켜주겠다고 한 것이다. (두두두두 울리는 북소리) 계산대에 앉을 수 있는 영광의 자리로 말이다! 난 정확히 1초의 10억분의 1 동안 그 제의를 생각했다. 그리고 대답했다. "감사합니다만 사양하겠습니다."

첫째, 계산대에 붙박여 있어서는 절대 많은 걸 배울 수 없다. 둘째, 나는 이미 배우고자 했던 것을 배웠다. 나의 목표를 완수했다. 이래서 내가 '복도'라고 표현한 것이다. 당신이 원하는 분야, 직종으로 일단 들어가라는 뜻이다. 그 일을 배우는 데에는 이 방법이 단연 최고다. 안에서 직접 살펴볼 수 있기 때문이다.

둘째, 필요한 인맥을 만들 수 있다. 이것 역시 밖에서는 아무리 발버둥 쳐도 만들 수 없다.

셋째, 복도에 들어서고 나면 여기저기서 기회의 문이 열린다. 실제로 돌아가는 상황을 살펴보다가 전에 깨닫지 못했던 틈새시장을 찾을 수도 있다.

넷째, 그 분야가 자신에게 맞지 않는다는 걸 깨달을 수도 있다. 다행히 너무 깊이 빠지기 전에!

위의 내용 중에서 나에게는 어떤 일이 일어났을까?

첫째, 파이 가게를 그만두었을 때쯤 파이 냄새를 맡는 건 물론이고 보는 것도 참을 수 없었다.

둘째, 내가 그만둔 다음 날 제빵사가 그만두었는데 나한테 전화를 걸어 아주 화끈하고 새로운 운동기구를 발견했다면서(〈아메리칸 지골로〉라는 영화에서 리처드 기어가 거꾸로 매달려 있던 그런 기구다.) 보여주겠다고 했다. 그걸 보고 나서 여기저기 알아본 결과 꽤 괜찮은 아이템이라는 생각이 들었고 제빵사의 생각은 달랐기 때문에 나 혼자 일해보기로 마음먹었다.

나는 그 운동기구를 스포츠용품점과 백화점에 팔러 다니기 시작했다. 그러던 와중에 어느 소매점이나 똑같은 구석이 있다는 걸 알아차렸다. 장비가 초라하다는 것이었다. 내 머릿속에 미친 듯이 벨이 울렸다. "기회야, 절호의 기회야, 기회가 왔어." 세상일이라는 게 참 재미있다. 그때 운동기구를 처음 팔아봤는데 그 일로 결국 스포츠용품 소매점 1호를 열게 되었고 내 인생의 첫 번째 100만 달러를 벌어들였으니 말이다. 파이 가게에서 웨이터 보조로 일한 것이 이 모든 일의 시작이었다! 여기에 교훈이 있다. 복도로 들어가라. 당신에게 어떤 문이 열릴지 모른다.

'행동하는 것이 행동하지 않는 것보다 낫다.' 부자들은 일단 게임을 시작하고 그때그때 현명한 결정을 내리며 수정을 가한다. 돛을 조정하며 항해해 나갈 수 있다고 믿는다.

가난한 사람들은 자신과 자신의 능력을 믿지 않는다. 그래서 미리 모든 것을 알아야 한다고 생각한다. 이것이 불가능하다는 건 생각지 못한다. 미리 다 알기 전에는 아무것도 시작하지 않는다!

결국 '준비, 발사, 조준'의 긍정적인 태도를 지닌 부자들이 행동을 시작하고 대개 그들이 승리한다.

'문제점들을 다 확인하고 대처방안을 정확히 알기 전에는 아무 것도 하지 않겠다.'고 생각하는 가난한 사람들은 영원히 행동에 뛰어들지 못하고 항상 패배자가 된다. 부자들은 기회를 보고 뛰어들어 더 부자가 된다. 가난한 사람들은? 여전히 준비하는 중이다!

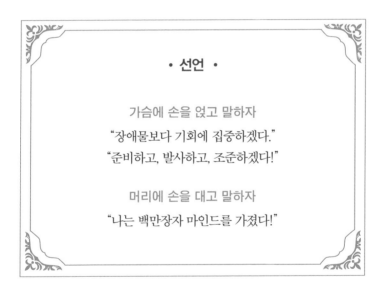

• 선언 •

가슴에 손을 얹고 말하자
"장애물보다 기회에 집중하겠다."
"준비하고, 발사하고, 조준하겠다!"

머리에 손을 대고 말하자
"나는 백만장자 마인드를 가졌다!"

행동하는 것이
행동하지 않는 것보다 낫다

1 게임에 돌입하라.

당신이 시작하고 싶은 프로젝트나 상황을 생각하라. 기다리는 건 잊어버려라.

지금 있는 곳에서, 지금 가지고 있는 것으로, 지금 시작하라. 가능하면 처음에는 다른 사람 밑에서 일하거나 다른 사람과 같이 일하면서 요령을 배우는 편이 낫다. 이미 배웠다면 다른 핑계는 없다. 추진하라!

2 낙관적인 자세를 연습하라.

장애물이나 문젯거리를 언급하는 사람이 있으면 그것을 기회나 가능성으로 바꿔 말하라. 부정적인 사람들에게는 속 터질 노릇이 겠지만 달라질 게 뭐가 있겠나? 어차피 그들은 끝없이 자기 속을 긁어대고 있다!

3 갖지 못한 것 말고, 갖고 있는 것을 생각하라.

당신의 삶에 감사할 일을 10가지 적어 큰 소리로 읽어보자. 앞으로 한 달 동안 아침마다 그것을 읽어라. 지금 가진 것에 감사하지 않으면 더 많이 갖지 못하게 되고 그것은 더 필요하지 않다는 뜻이다.

부를, 부자를
긍정하라

부자는 성공한 부자들에게 감탄한다
가난한 사람은 성공한 부자들을 욕한다

가난한 사람들은 다른 사람의 성공을 적대시하거나 질투하거나 부러워한다. "운 좋은 사람들!"이라고 한마디 하거나, 조그맣게 "재수 없는 부자 놈들!"이라고 중얼거린다.

어떤 식으로든 어떤 형태로든 부자를 나쁜 놈으로 바라보며 자신은 착한 사람이 되겠다고 생각한다면 당신은 절대 부자가 될 수 없다. 자기가 경멸하는 사람이 될 수는 없지 않은가?

어쩔 때 보면 가난한 사람들이 부자에 대해 갖고 있는 적개심과 분노는 놀라울 정도다. 마치 부자가 그들을 가난하게 만들었다고 생각하는 것 같다. "그거야 맞는 말이지, 부자들이 돈을 다 긁어 가서 나한테 올 돈이 하나도 없잖아." 물론 이것은 자신을 피해자 라고 생각하는 사람들이 즐겨 사용하는 변명이다.

내 경험담을 하나 이야기하겠다. 불평하려는 게 아니라 내가 직접 사회에서 겪은 일을 말하려는 것뿐이다.

오래전에 내가 경제적으로 조금(사실은 조금이 아니라 많이) 곤란했을 때 낡은 자동차를 몰고 다녔는데 그 차로 차선을 바꾸는 것은 식은 죽 먹기였다. 대부분의 차들이 나를 끼워주었다.

그런데 부자가 되어 멋진 검정색 신형 재규어를 사자 상황은 완전히 달라졌다. 갑자기 다른 차가 새치기를 하고 손가락질 당하는 일이 벌어졌다. 물건을 던지는 사람들까지 있었다. 내가 재규어를 몬다는 단 한 가지 이유로 말이다.

어느 날 샌디에이고의 가난한 동네에 성탄절 선물로 전달할 칠면조 고기를 싣고 가는 중이었다. 내 차의 선루프는 열려 있었고 내 뒤를 따라오는 트럭에는 지저분한 남자 넷이 앉아 있었다. 그런데 난데없이 그들이 내 차에다 농구경기를 하기 시작했다. 정확히 말하면 내 차의 선루프에 맥주 캔을 던지기 시작했다. 다섯 군데가 패이고 일곱 군데에 커다란 흠집이 난 후에 그들이 내 옆을 지나며 소리쳤다.

"더러운 부자 놈!"

나는 이 일이 어쩌다 생긴 일이라고 여겼다. 그런데 불과 2주

후에 다른 가난한 동네에 갈 일이 생겨서 차를 길에 주차시켜 놓고 10분 만에 돌아와 보니 자동차 전체가 사정없이 긁혀 있는 게 아닌가.

그 후로는 그런 동네에 갈 때 포드 에스코트를 빌려서 갔다. 놀랍게도 전혀 아무런 문제가 생기지 않았다. 가난한 동네에 사는 사람들이 나쁘다는 게 아니라 내 경험에 비추어볼 때 부자를 미워하는 사람이 많은 건 확실한 것 같다. 닭이 먼저냐 계란이 먼저냐의 문제일지 모르겠다. 그들이 가난해서 부자를 미워하는 것일까, 부자를 미워해서 가난해진 것일까. 그 답은 중요하지 않다. 그들이 예나 지금이나 가난하다는 사실이 중요할 뿐!

부자를 미워하지 말라고 말하기는 쉽지만, 상황에 따라 기분에 따라 함정에 빠질 수도 있다. 나도 예외는 아니다. 최근에 생긴 일이다. 저녁 세미나를 시작하기 한 시간쯤 전에 호텔 방에서 저녁을 먹고 있었다. 스포츠 게임의 점수를 알아보려고 텔레비전을 켰는데 오프라 윈프리가 나오는 게 아닌가. 텔레비전을 자주 보지는 않지만 오프라를 아주 좋아한다. 그녀만큼 많은 사람들에게 긍정적인 영향을 미친 사람도 드물 것이다. 그녀는 지금 벌고 있는 그만큼의, 아니 그 이상의 돈을 받을 자격이 있다!

그때 오프라는 할리 베리라는 배우와 함께 여성 배우로서 몇 손가락 안에 꼽히는 계약금인 2,000만 달러를 받아낸 일에 대해 이야기하고 있었다. 할리는 돈에는 별 관심이 없고 앞으로 계약할 다른 여성 배우들에게 길을 터주기 위해 이 엄청난 금액을 받아냈다고 말했다. 내 입에서 나도 모르게 의심스런 비난의 목소리가 튀어나왔다.

"물론 그러시겠지! 이 프로를 보는 사람들이 다 바보 멍청이인 줄 아나? 이렇게 한심한 인터뷰는 생전 처음 봐."

부글부글 끓어오르는 부정적인 에너지를 나는 겨우 진정시킬 수 있었다. 좋은 에너지를 빼앗기기 전에 비난의 목소리를 제거하려고 "취소야, 지금 한 말 취소야, 생각을 알려줘서 고맙다."고 나 자신에게 크게 소리쳤다.

믿을 수가 없었다. 내가, 백만장자 마인드를 가진 내가, 할리 베리가 돈을 많이 벌었다고 비난하다니. 나는 얼른 태도를 바꾸어 목청껏 외쳤다. "잘했어! 멋있어! 너무 싸게 해줬어, 3,000만 달러는 받았어야지! 당신은 대단한 배우니까 그만큼 받아도 돼." 기분이 한결 나아졌다.

그녀가 그만한 계약금을 받아냈건 무슨 상관인가. 문제는 그녀가 아니라 나다. 명심하라. 내가 어떻게 생각하든 할리의 행복이나 재산 상태는 달라지지 않는다. 나의 행복과 재산 상태에 변화가 생길 뿐이다.

머릿속에 무슨 생각이나 의견을 갖고 있을 때, 그건 나쁜 것도 좋은 것도 아니고 옳을 것도 그를 것도 없다. 하지만 그 생각이 당신의 삶으로 들어올 때는 당신의 행복과 성공에 힘을 줄 수도 있고 힘을 빼앗아갈 수도 있다.

부정적인 에너지가 빠져나가자 나의 경보기가 작동을 멈추었고 즉시 내 마음속의 부정적인 힘을 중화시킬 수 있었다. 부자가 되기 위해 완벽해질 필요는 없다. 다만 당신의 생각이 자기 힘이나 남의 힘을 빼앗는 순간을 알아차려야 한다. 그럴 때 얼른 생산적인 생각에 집중하라. 이 책을 열심히 읽으면 그런 과정이 더 신속하고 수월하게 이루어질 것이고 나의 세미나에 참가하면 속도가 훨씬 빨라질 것이다.

세미나에 대해 자주 언급하더라도 이해해 주길 바란다. 그 많은 사람들의 삶에 경이로운 변화가 일어난 것을 직접 목격하지 않았다면 이렇게 확고하게 말하지 못할 것이다.

《1분이 만드는 백만장자The One Minute Millionaire》의 저자 마크 빅터 한센Mark Victor Hansen과 로버트 앨런Robert G. Allen은 러셀 H. 콘웰Russell H. Conwell의 저서 《다이아몬드의 땅Acres of Diamonds》에 앞의 내용과 비슷한 부분이 있어 일부를 인용해 보겠다.

나는 당신이 부자가 되어야 한다고, 부자가 되는 것이 의무라고 강조합니다. 신앙심 깊은 형제들이 나에게 물어옵니다. "목사님, 젊은이들에게 돈 벌어 부자가 되라는 충고를 하려고 이 나라를 돌아다니며 시간을 쓰시는 겁니까?" 그렇습니다. 물론입니다.

그들은 말하지요. "이해할 수가 없어요! 돈 벌라고 설교하는 시간에 복음을 더 전파하는 게 낫지 않습니까?" 정직하게 돈을 버는 것이 복음을 전하는 일이기 때문입니다. 그게 이유입니다. 부자가 되는 사람은 이 사회의 가장 정직한 사람일 수 있습니다.

오늘 밤 자리를 같이한 어느 젊은이가 말했습니다. "돈이 생기면 사람이 변한다고 하던데요. 거짓말쟁이가 되고 악랄하고 비열하고 더러운 사람이 된다고 들었습니다."

형제여, 당신에게 돈이 없는 이유가 그것입니다. 그런 사람들의 생각을 받아들이기 때문입니다. 당신이 믿고 있는 것은 새빨간 거짓입니다. 분명히 말하죠. 미국의 부자 100명 중에서 98명은 정직합니다. 그래서 그들은 부자입니다. 그래서 그들은 돈의 신뢰를 받습니다. 그래서 같이 일할 사람들이 많이 모여들고 큰 기업을 운영할 수 있는 것입니다.

또 다른 젊은이가 말했습니다. "부정한 방법으로 100만 달러를 벌었다는 사람들의 이야기가 들리던데요."

그렇습니다. 물론 들었겠지요. 나도 들었습니다. 하지만 그런 사람들이 드물기 때문에 신문에서 방송에서 떠들어대는 것입니다. 그런 이야기를 듣다 보면 다른 부자들도 모두 부정하게 돈을 벌었을 거라는 생각이 들게 되지요.

친구 여러분, 필라델피아 외곽으로 날 데리고 가, 꽃과 정원이 아름다운 집이며 예술 작품처럼 웅장하게 지어진 집을 가진 주인들에게 나를 소개해 주십시오. 그러면 내가 여러분에게 우리 도시에서 사업적으로나 성품으로나 가장 훌륭한 사람들을 소개해 드리겠습니다. 자기 집을 소유한 그들은 그것을 소유함으로써 더 명예롭고, 정직하고, 순수하고, 진실하고, 경제적이고, 신중해집니다.

우리는 탐욕하지 말라고 설교합니다. '부정한 재물'이라는 말을 사용합니다. … 너무 극단적인 말로 신도들이 돈을 갖는 게 사악하다고 생각하게 합니다.

돈은 힘입니다. 그것을 갖겠다는 합리적인 야망을 품어야 합니다! 돈이 없을 때보다 있을 때 더 좋은 일을 많이 할 수 있기 때문입니다. 돈이 있어야 성경을 찍어내고, 교회를 건축하고, 선교사를 보내고, 성직자를 부양할 수 있습니다. … 그래서 돈이 있어야 하는 겁니다.

정직하게 부자가 될 수 있다면 … 그렇게 하는 것이 당신의 … 신성한 의무입니다. 신실한 신앙인이 되기 위해 가난해져야 한다고 생각하는 것은 신앙인들의 심각한 착각입니다.

콘웰은 아주 좋은 지적을 했다. 처음에 '신뢰받는' 능력을 이야기했다. 부자가 되는 데 필요한 자질 중에서 제일 우위에 있는 것이 신뢰받는 인물이 되어야 한다는 것이다. 생각해 보라. 못 믿을 사람과 거래할 수 있겠는가? 천만의 말씀이다! 최소한 어느 정도 까지는 믿을 수 있는 사람이어야 한다. 되도록 많은 사람들이 당 신을 믿어야 하고, 당신은 당신을 믿는 사람들에게 신뢰를 지켜나 가야 부자가 될 수 있다.

당신이 원하는 것을 축복하라

더 중요한 것이 있다. 계속 부자로 남으려면 다른 어떤 자질들 이 필요할까? 모든 원칙에 예외가 있지만 일반적으로 필요한 자질 들이 있다. 몇 가지 말해볼 테니 맞는지 아닌지 생각해 보라.

긍정적이다, 믿음직하다, 목표에 매진한다, 결단력 있다, 끈질기 다, 성실하다, 부지런하다, 대인관계가 좋다, 대화를 잘한다, 웬만 큼 똑똑하다, 한 가지 이상 분야의 전문가다.

콘웰의 지적 중에서 또 하나 흥미로운 요소는 '부자는 착한 사 람이 될 수 없다. 부자는 경건한 종교인이 될 수 없다.'는 믿음에 길들여진 사람이 의외로 많다는 점이다.

나도 이런 식으로 생각한 적이 있었다. 친구들, 선생님, 언론이 나 기타 사회의 다른 부분에서 "어쨌거나 부자는 나쁘고 탐욕스럽 다."는 말을 들었다. 이것은 아무짝에도 쓸모없고 낡은 통념이다! 내가 실제로 겪어본 결과 내가 만난 부자들은 아주 좋은 사람들이었다.

샌디에이고로 이사할 때 나는 부유한 동네에 집을 구했다. 그 집과 주변의 아름다운 경치가 마음에 들었다. 하지만 아는 사람 하나 없는 데다 내가 동네 분위기에 어울릴 수 없을 것 같아서 부담스러웠다. 될 수 있으면 속물스러운 부자들과 어울리지 않겠다고, 틈을 보이면 안 된다고 생각했다.

하지만 세상일이 그렇듯이 당시 다섯 살과 일곱 살이었던 내 자식들이 동네 아이들과 금방 친해지는 바람에 나는 그 아이들을 집에 데려다주기 위해 대저택을 순회해야 할 상황에 처했다.

6미터는 되어 보이는 정교하게 조각된 나무문에 노크를 했다. 아이 엄마가 문을 열더니 상냥하기 그지없는 목소리로 말했다. "하브, 만나서 반가워요. 들어오세요." 그녀가 아이스티를 따라주고 과일 접시를 내놓았을 때 나는 좀 당황스러웠다. '무슨 속셈일까?' 계속 의심스레 머리를 굴리며 해답을 찾으려 했다.

그 후에 아이들과 물장난을 치던 그녀의 남편이 집 안으로 들어왔다. 그는 부인보다 더 친절했다. "하브, 한 동네에 살게 돼서 기쁩니다. 오늘 저녁에 바비큐 파티를 할 건데 가족과 같이 오세요. 다른 사람들을 소개해 드릴게요. 못 온다는 말은 마세요. 그나저나 골프 치시나요? 내일 클럽에 나갈 건데, 우리 같이 가지 않을래요?"

이쯤 되자 나는 충격에 빠졌다. 내가 만나리라 예상했던 속물스런 부자들은 다 어디로 가버렸을까?

집으로 돌아와 아내에게 바비큐 파티에 초대받았다고 말했다. "어머나, 어떡해." 아내가 말했다. "뭘 입고 가죠?" 걱정하는 아내에게 나는 이렇게 말했다. "아니야, 여보, 격식을 따지지 않는 편안한 사람들이야. 그냥 그대로 가면 돼."

그날 저녁에 우리는 참으로 따뜻하고 상냥하고 다정하고 넉넉한 사람들을 만났다. 대화 중에 어느 한 사람이 자기가 주도하고 있는 자선모금 운동 이야기를 꺼냈다. 사람들이 각자 수표책을 꺼내기 시작했다. 난 믿어지지 않았다. 부자들이 기부금을 내려고 기다리는 모습을 보게 되다니.

그게 끝이 아니었다. 기부금을 받은 그 여자도 다른 사람들이 소속되어 있는 자선단체를 지원해 주기로 약속했다. 그렇다. 거기 있는 사람들은 한 명도 빠짐없이 자선단체를 이끌고 있거나 임원을 맡고 있었다.

우리를 초대해 준 부부는 몇 군데 자선단체에 소속되어 있었는데 해마다 아동병원 기금에 제일 많은 지원금을 내는 것이 자신들의 의무이자 책임이라고 생각했다. 수만 달러를 기부할 뿐 아니라 더 많은 기금을 모으기 위해 해마다 디너파티를 열고 있었다.

거기 모인 사람 중에 정맥류 전문의도 있었다. 세계에서 몇 손가락 안에 꼽히는 정맥류 전문의로 한 건당 5,000~1만 달러의 수술을 하루에 4~5번 하는 재력가였다. 화요일마다 그는 수술비를 댈 형편이 안 되는 사람들에게 무료로 수술을 해주었는데 아침 6시부터 밤 10시까지 10~15회의 수술을 집도했다. 게다가 다른 의사들의 동참을 유도하기 위한 조직을 운영하고 있었다.

두말할 필요 없이 부자를 탐욕스런 속물로 생각했던 나의 믿음은 완전히 사라졌다. 이제는 그 반대라는 것을 안다. 내가 겪어본 부자들은 모두 좋은 사람들이었다. 베풀 줄도 안다.

부자가 아닌 사람들이 나쁘다거나 베풀 줄 모른다고 말하는 게 아니다. 다만 부자가 모두 나쁘다는 말은 몰라서 하는 말이라고 확실히 말할 수 있다.

사실 부자를 미워하는 것은 무일푼 상태로 남는 제일 확실한 방법이다. 우리는 습관의 동물이므로 이 습관을 극복하려면 훈련이 필요하다.

부자들을 욕하는 대신에 감탄하는 훈련을 하라. 부자를 축복하고 사랑하는 훈련을 하라. 그것이 무의식에 배어들면 당신이 부자가 되었을 때 다른 사람들도 당신에게 감탄하고 축복하고 사랑할 것이라고 확신할 수 있다. 당신이 지금 하는 것처럼 비난의 대상이 되지 않을 거라는 말이다.

하와이에는 예로부터 내려오는 후나Huna 철학이 있다. "네가 원하는 것을 축복하라."는 가르침이다.

아름다운 집을 가진 사람을 보거든 그 사람과 그 집에 축복하

라. 멋진 자동차를 가진 사람을 보거든 그 사람과 그 차를 축복하라. 따뜻한 가정을 지닌 사람을 보거든 그 사람과 그 가정에 축복하라. 몸매 좋은 사람을 보거든 그 사람과 그 몸에 축복하라.

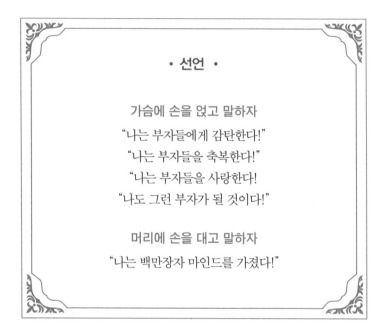

• 선언 •

가슴에 손을 얹고 말하자
"나는 부자들에게 감탄한다!"
"나는 부자들을 축복한다!"
"나는 부자들을 사랑한다!
"나도 그런 부자가 될 것이다!"

머리에 손을 대고 말하자
"나는 백만장자 마인드를 가졌다!"

부를, 부자를
긍정하라

1   "네가 원하는 것을 축복하라."는 후나 철학을 연습하라.

    돌아다니면서 아름다운 집이나 비까번쩍한 차들을 보아라.

    성공한 사업에 대한 이야기를 읽어라.

    마음에 드는 게 있거든 그것과 그 주인과 거기에 관련된 사람들을

    축복하라.

2   어느 분야에서 대단히 성공한 사람에게(개인적으로 아는 사람이

    아니어도 된다.) 편지나 이메일을 보내라.

    그들의 성취에 대한 감탄과 존경이 담긴 내용으로.

긍정 에너지를 가진 사람들을 가까이하라

부자들은 긍정적이고 성공한 사람들과 사귄다
가난한 사람은 부정적이고 성공하지 못한 사람들과 사귄다

성공한 사람들은 다른 성공한 사람들을 볼 때 자신의 의욕을 북돋아주는 자극제로 본다. 배울 수 있는 본보기로 삼는다. "그들이 할 수 있다면 나도 할 수 있다."고 스스로에게 말한다. 앞에서 말한 것처럼 보고 배우는 것이 일차적인 배움의 기술이다.

부자는 자기보다 먼저 성공한 사람들에게 감사한다. 그들이 만들어놓은 성공 청사진으로 더 수월하게 성공의 길을 밟을 수 있기 때문이다. 이미 발명된 바퀴를 다시 발명할 필요가 있을까? 이미

다른 사람들에 의해 증명된 효과적인 성공 방법이 있지 않은가.

부자가 되기에 제일 쉽고 빠른 방법은 머니 게임에 탁월한 부자들의 게임 방식을 배우는 것이다. 간단하다. 그들의 내적인 전략과 외적인 전략을 보고 배우면 된다. 상식적인 일이다. 성공한 부자들과 같은 방식으로 생각하고 같은 방식으로 행동하면 같은 결과를 얻을 가능성이 높다. 나도 그렇게 했고 이 책에서 말하는 내용도 그것이다.

부자와 달리 가난한 사람들은 다른 사람이 잘된 이야기를 들으면 그들의 흠을 잡거나 비판하거나 조롱하거나 어떻게든 자기 수준으로 끌어내리려 한다. 이런 사람들을 보지 않았는가? 그런 사람들을 알고 있지 않은? 문제는 그들이 하찮게 치부하는 사람들에게서 얼마나 감화받고 배울 수 있겠냐는 것이다.

나는 대단한 재력가와 마주칠 때마다 다시 만날 기회를 만들려고 노력한다. 그들과 이야기하고 싶고, 그들의 사고방식을 배우고 싶고, 그들의 인맥을 빌리고 싶다. 공통 관심사가 있다면 친구가 될 수도 있다.

부자와 친구가 되려는 내가 잘못되었다고 생각하는가? 그럼 무일푼인 친구들을 고르는 게 낫겠는가? 내 생각은 다르다! 앞서 말했듯이 에너지는 전염되는 성질을 지니고 있다. 난 기운 없는 에너지에 전염되고 싶은 마음이 추호도 없다!

최근에 라디오 프로그램에 나갔을 때 한 여성이 아주 좋은 질문을 했다. "나는 긍정적이고 발전을 추구하는 사람인데 남편이 그 반대면 어떡하죠? 헤어져야 하나요? 남편을 변화시키려고 노력해야 하나요? 그걸 어떻게 하죠?" 나는 이런 질문을 일주일에 적어도 100번쯤 듣는다. 거의 모든 사람이 이 비슷한 질문을 한다. "나랑 제일 가까운 사람이 안 도와주고 망치기만 하면 어떡하나요?"

내 대답은 이렇다.

첫째, 부정적인 사람을 변화시키려 애쓸 필요 없다. 그것은 당신이 할 일이 아니다. 당신은 그저 당신의 삶이 더 나아질 수 있도록 배운 지식을 활용하면 된다. 그들에게 보여주어라. 성공하라. 행복해져라. 어쩌면 그들이 문제를 깨닫고 따라하고 싶어질지 모른다.

다시 말하지만 에너지는 전염성이다. 빛이 강해지면 어둠은 약해진다. 사실은 환한 빛 가운데서 어둠 속에 남아 있고자 발버둥치기가 더 힘든 법이다. 당신이 잘되면 된다. 그들이 우물쭈물 비결을 물어오거든 그때 그들에게 말해주어라.

둘째, 차분하고 평화롭고 집중하는 상태에서 당신이 원하는 것을 분명히 하라. '모든 일이 일어나는 데에는 이유가 있고 그 모든 것은 나에게 도움이 된다.' 그렇다. 부정적인 사람이나 좋지 않은 환경이 허다한 가운데 긍정적인 자세를 고수하기란 쉬운 일이 아니다. 하지만 나를 시험에 들지 말게 하옵소서! 불에 달궈야 쇠가 더 단단해지는 것처럼 의심과 비난이 가득한 사람들 사이에서 당신의 신념을 지킬 수 있다면 당신은 훨씬 강하고 빠르게 성장할 것이다.

스스로 부여하는 의미 이외에는 아무 의미가 없다. 1부에서 우리가 부모의 행동을 어떻게 판단하느냐에 따라 반대의 길을 걷거나 똑같은 길을 걷게 된다고 이야기했다. 지금부터는 다른 사람의 부정적인 특징을 각성제로 활용해라. '저렇게 되지 말자.'는 훈련에 돌입하는 것이다. 그들이 부정적인 성향을 드러낼수록 당신에게는 그런 방식이 얼마나 '한심한가'에 대한 각성제가 많아지는 셈이다. 드러내서 말하라는 게 아니다. 그들을 비난하지 말고 당신이 다르게 행동하라. 그들의 모습과 행동에 판단의 잣대를 들이대며 비판하고 깎아내리면 당신도 그들과 다를 게 없다.

그들의 해로운 에너지가 당신을 더 이상 견딜 수 없게, 성장할 수 없게 만드는 최악의 경우에는, 남은 평생을 위해 용기 있는 결단을 내려야 할지 모른다. 무모한 행동을 권하는 건 아니다. 그러나 나는 영적으로, 경제적으로 커나가고 싶은 나의 욕구를 무시하고 부정적으로 대하는 사람과는 절대로 같이 못 산다. 그럴 마음 자체가 없다. 내 삶을 소중히 여기는 만큼 나에게는 행복한 부자가 될 자격이 있기 때문이다. 세계에 78억 명이 넘는 사람이 살고 있는데 굳이 나를 퇴행시키는 사람에게 묶여 살아야 할 이유가 없다. 그들이 따라오거나 내가 움직이거나 둘 중 하나다!

승자를 가까이하라

에너지는 전염성이 있다. 당신이 전염되거나 당신이 전염을 시킨다. 그 반대도 마찬가지다. 한 가지 물어보자. 홍역에 걸린 사람을 끌어안겠는가? 대부분은 "나까지 홍역에 걸리면 안 되니까 싫다."고 말할 것이다. 부정적인 생각은 정신적인 홍역과 같다. 가려움 대신에 불평이 생기고, 긁는 대신에 상처가 생기고, 화나는 대신에 절망이 찾아온다. 정말로 그런 사람 옆에 있고 싶은가?

"유유상종이라, 끼리끼리 모인다."고 했다. 사람들의 소득은 대체로 친한 친구들이 버는 평균 소득의 20퍼센트 안팎이라는 걸 아는가? 그래서 함께 어울리는 사람, 함께 시간을 보내는 사람을 신중하게 골라야 하는 것이다.

부자들은 단순히 골프만 치기 위해 컨트리클럽에 가는 게 아니다. 다른 성공한 부자들을 만나러 간다. 무엇을 아느냐가 아니라, 누구를 아느냐가 관건이다. 나로 말할 것 같으면 주로 은행을 찾는다. 간단히 말해서 "독수리처럼 날고 싶으면 오리들과 헤엄치지 말라!" 나는 언제나 성공한 사람, 긍정적인 사람과 어울린다. 부정적인 사람과는 어울리지 않는다.

독이 되는 상황에서 빠져나와야 하는 것도 물론이다. 부정적인 에너지에는 말다툼, 소문 떠들기, 험담하기 같은 것들이 포함된다. 텔레비전도 마찬가지다.

혹시 기분전환 차원이 아니라 유일한 오락수단으로 멍하니 텔레비전만 보지는 않는가? 내가 텔레비전을 켤 때는 흔히 스포츠를 보기 위해서다. 이유는 첫째, 자기 분야에서 뛰어난 사람들을 보는 게 좋고 둘째, 게임이 끝난 뒤에 챔피언들의 인터뷰를 보는 게 좋다. 그들의 생각을 듣는 것은 기분 좋은 일이다. 어떤 스포츠에서건 메이저리그까지 올라온 사람은 모두 다 챔피언이라고 생각한다. 그 자리에 도달하기까지 다른 수만 명의 경쟁자들을 물리쳤을 테니 그것만으로도 대단한 사람들 아닌가.

나는 그들이 게임에 이기고 나서 하는 말들이 마음에 든다. "경기 내내 열심히 뛰었다. 좋은 결과가 나왔지만 아직 개선할 부분들이 있다. 노력한 만큼 보상이 따른다는 것을 보여드리겠다." 게임에 졌을 때 그들이 하는 말들도 마음에 든다. "하나의 게임이었을 뿐이다. 우린 돌아올 것이다. 이 게임은 잊어버리고 다음 게임에 집중하겠다. 좀 더 잘할 수 있는 방법을 찾아서 이기기 위해 최선을 다할 것이다."

2004년 아테네 올림픽 때 캐나다의 여자 허들 100미터 세계 챔피언 퍼디타 펠레시언Perdita Felicien은 강력한 금메달 후보였다. 그런데 마지막 레이스에서 첫 번째 허들에 걸려 넘어져 레이스를 완주할 수 없었다. 그녀는 하염없이 눈물을 흘리며 거기 누워 있었다. 이 순간을 위해 하루에 6시간씩 매일같이 지난 4년간 노력해 왔는데 어이없이 무너진 것이다. 다음 날 아침에 그녀의 기자

회견 모습이 방송되었다. 그것을 녹화해 두지 못한 게 너무나 안타깝다. 그녀가 한 말은 정말 놀라웠다. "왜 이런 일이 벌어졌는지 모르지만 상황이 이렇게 되었다. 난 이번 기회를 이용할 것이다. 앞으로 4년 동안 전보다 더 열심히 집중적으로 노력하겠다. 내가 이겼다면 어떻게 되었을까? 이번 승리가 나의 소망을 무디게 했을지 모른다. 이제 나는 전보다 더 굶주려 있다. 전보다 더 강한 모습으로 돌아올 것이다." 이런 내용이었다. 그 말을 듣는 내내 나는 그저 "우와!"라는 감탄사를 내뱉을 뿐이었다.

부자는 승자들을 가까이한다. 가난한 사람은 실패자들을 가까이한다. 왜 그럴까? 편안하기 때문이다. 부자는 성공한 사람들과 같이 있는 것이 편안하다. 그들의 존재가 전혀 어색하거나 부담스럽지 않다. 가난한 사람들은 크게 성공한 사람들과 같이 있는 게 편하지 않다. 그들이 거부감을 드러낼까봐 불안하고 자신이 거기에 어울리지 않는 듯한 기분이 든다.

부자가 되려면 내면의 청사진을 바꿔야 한다. 당신이 그곳에 있는 백만장자나 억만장자만큼 모든 면에서 훌륭하다고 확실하게 믿을 수 있어야 한다. 내가 세미나를 진행할 때 나한테 다가와 한 번 만져봐도 되냐고 물어보는 사람들이 있다. "억만장자를 만져본 적이 없거든요." 나는 겉으로는 정중하게 미소를 지어 보이지만 속으로는 이런 생각을 한다. '이게 무슨 짓이야! 난 당신과 다르지 않아, 더 잘나지도 않았어. 그걸 모르는 한 당신은 항상 이 상태 그

144

대로일 거요!'

백만장자를 만지는 게 무슨 소용인가? 당신이 그들만큼 훌륭하고 가치 있는 사람이라 믿고 그렇게 행동하는 것이 중요하다. 여기서 가장 적절한 충고는 이것이다. "정말로 백만장자를 만지고 싶다면 당신이 백만장자가 되어라!"

무슨 말인지 알겠는가? 부자들을 욕하지 말고, 대신에 본받아라. 부자들 앞에서 슬금슬금 뒷걸음질하지 말고 그들을 알기 위해 다가가라. "와, 정말 대단한 사람이다."라고 말하는 대신에 "그들이 할 수 있다면 나도 할 수 있다."고 말하라. 백만장자를 만지고 싶으면 백만장자가 되어 자신을 만져라!

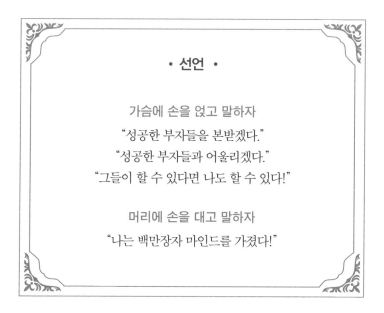

· 선언 ·

가슴에 손을 얹고 말하자
"성공한 부자들을 본받겠다."
"성공한 부자들과 어울리겠다."
"그들이 할 수 있다면 나도 할 수 있다!"

머리에 손을 대고 말하자
"나는 백만장자 마인드를 가졌다!"

긍정 에너지를 가진
사람들을 가까이하라

1 도서관, 서점, 인터넷, 어디든 들어가서 세계적으로 성공한 부자의
   이야기를 읽어라.
   앤드류 카네기, 존 D. 록펠러, 메어리 케이, 도널드 트럼프, 워렌
   버핏, 잭 웰치, 빌 게이츠, 테드 터너……. 이런 사람들을 선택하면
   된다. 그들의 성공담에서 영감을 얻고 특별한 성공 전략을 알아내
   고, 가장 중요한 그들의 마인드를 습득하라.

2 테니스, 헬스, 골프, 비즈니스 클럽, 기타 고급 클럽에 다녀라.
   부유한 사람들 틈에 섞여라. 고급스런 클럽에 갈 형편이 안 되면
   근사한 호텔에서 커피나 차를 마셔라. 이런 분위기에 편안해져라.
   거기에 드나드는 손님들을 지켜보며 당신과 똑같은 사람이라는
   것을 알라.

3 당신의 삶을 퇴보시키는 상황이나 사람들에게서 떨어져라.
   그것이 가족이라면 되도록 덜 붙어 있어라.

4 쓸데없는 텔레비전 프로그램이나 스트레스를 유발하는 뉴스를 멀
   리하라.

자신과 자신의 가치를
알려야 한다

부자는 자신을 알리고 자신의 가치를 높이려고 한다
가난한 사람은 판매와 홍보를 부정적으로 생각한다

초급 세미나를 진행할 때 우리 회사의 다른 강좌들을 간단히 소개하고 할인혜택과 보너스에 대해서 언급하는데, 이때 사람마다 보이는 반응이 다르다.

대부분의 사람들은 다른 강좌의 내용을 엿볼 수 있고 특별 할인을 받을 수 있다며 기뻐하고 감사한다. 반면에 탐탁지 않아 하는 사람들도 있다. 그것이 자신에게 유익한 정보이건 아니건 홍보한다는 자체에 분개한다. 당신이 이런 사람이라면 자신에 대해 알아차릴 수 있는 중요한 단서가 될 것이다.

홍보를 싫어하는 사람은 성공으로 가는 길에 커다란 장애물을 안고 있는 격이다. 판매와 홍보를 부정적으로 생각할 경우 그 사람의 경제 수준은 낮은 상태일 게 분명하다.

당신에 대해 또는 당신이 파는 상품이나 서비스에 대해 알리는 게 싫으면 무슨 수로 사업주나 직원으로서 큰 성과를 올릴 수 있겠는가? 자기 가치를 홍보하지 않으면 당신보다 적극적인 사람이 승진 계단에서 훨씬 앞서 나가게 될 것이다.

사람들이 판매나 홍보를 꺼리는 데에는 몇 가지 이유가 있을 수 있다. 당신의 경험에 비추어 판단해 보라.

첫째, 과거에 홍보하러 온 사람들이 당신을 불쾌하게 했을 수 있다. 강매한다는 느낌이 들었거나 한창 정신없을 때 그들이 귀찮게 했을지 모른다. 아무리 싫다고 해도 덤벼들었을 수도 있다.

그러나 어떤 경우든 이것이 과거의 경험이라는 것을 깨달아야 한다. 과거에 집착하는 것은 당신에게 전혀 도움 되지 않는다.

둘째, 당신이 홍보를 하려 했을 때 상대방이 일언지하에 거부했고 당시에 매우 비참하고 모욕적인 기분이 들었을 수 있다. 이런 경우에 당신이 홍보를 싫어한다는 것은 실패와 거절에 대한 두려움이 있다는 사실을 드러낼 뿐이다. 과거는 과거이고 미래는 미래일 뿐, 과거와 미래가 똑같지 않다는 것을 기억하라.

셋째, 어렸을 때 부모님이 주입한 프로그램 때문일 수 있다. 알게 모르게 자기 자랑을 하는 것이 무례한 일이라고 배웠을지 모른다. 어른들이 가르쳐준 예의범절을 다 지키며 살아도 잘살 수 있다면 아무 문제될 것이 없다. 그런데 현실적으로 비즈니스와 돈에 관한 한 당신이 자기 자랑을 하지 않으면 누구도 알아주는 사람이 없다. 부자들은 만나는 사람들에게, 거래하는 사람들에게 자신의 가치를 열심히 선전한다.

마지막으로 홍보를 하면 자신의 품격이 떨어진다고 생각하는 사람들이 있다. 나는 특별하다는 식의 '거만 증후군'을 가진 것이다. 누군가 내가 가진 것을 필요로 한다면 그들이 어떻게든 나를 알아내서 찾아올 거라고 믿는다고나 할까.

이런 믿음을 가진 사람은 현재 무일푼이거나 곧 그렇게 될 게 확실하다. 사람들이 당신을 찾아 온 나라를 뒤지고 다니기를 바랄 수는 있겠지만 실제로 시장이라는 데는 상품과 서비스가 넘쳐나는 곳이다. 당신이 가진 게 최고일지는 모르지만 그것을 대놓고 말하기에는 당신의 품위가 너무 높은 관계로 아무도 알아주는 이가 없을 것이다.

"좋은 제품을 만들면 세상 사람들이 몰려든다."는 말이 있기는 하지만 글쎄올시다. 여기에 한마디를 더 붙여야 진실이 될 수 있다. "세상 사람들이 그 제품을 알 경우에."

부자들은 대개 홍보 솜씨가 뛰어나다. 자신의 상품, 서비스, 아이디어를 정열적으로 열렬하게 홍보할 자세가 되어 있고 실제로 그렇게 한다. 게다가 자신의 가치를 매력적으로 포장하는 실력도 탁월하다.

포장하는 게 잘못이라고 생각한다면 이런 상상을 해보라. 여자들에게 화장 금지 선포를 내리면 어떨까. 남자들에게 양복 착용 금지 선포를 내리면 어떨까. 어차피 그것은 모두 포장에 불과하지 않은가.

《부자 아빠, 가난한 아빠*Rich Dad, Poor Dad*》의 저자 로버트 기요사키Robert Kiyosaki는 책 쓰는 일을 포함한 모든 비즈니스의 성패는 판매에 달려 있다고 말한다. 자신이 최고로 잘 쓰는 작가가 아니라 최고로 잘 팔리는 작가라고 한다. 둘 중에서 어느 쪽이 더 많은 돈을 벌게 해주는지 알 수 있을 것이다.

부자들을 보면 대개 리더의 자리에 앉아 있는데 뛰어난 리더들은 홍보 능력도 뛰어나다. 리더가 되려면 그를 따르는 사람들과 지지하는 사람들이 있어야 한다. 다른 사람들이 당신의 비전을 받아들이게 하는 판매능력, 감화력, 선동능력이 있어야 한다는 뜻이다.

미국의 대통령도 자신의 이상을 실현하기 위해 국민에게, 의회에, 자신의 당원들에게 그 이상을 지속적으로 판매하고 홍보해야 한다. 애초에 그가 자신을 홍보하지 않았다면 대통령으로 선출되지도 못했을 것이다.

간단히 말해서 홍보를 못하거나 하지 않는 리더는 리더의 자리에 오래 앉아 있을 수 없다. 정치판에서, 회사에서, 스포츠계에서,

심지어 부모로서의 위상도 마찬가지다. 내가 이 말을 반복하는 이유는 '리더가 추종자보다 훨씬 많이 벌기 때문이다.'

가치를 믿고 필요한 이들에게 알려라

당신이 홍보를 좋아하는지 싫어하는지는 여기서 핵심이 아니다. 홍보를 하는 이유가 중요하다. 당신의 믿음에 관한 문제다. 진정으로 자신의 가치를 믿는가? 당신이 제시하는 상품이나 서비스를 확신하는가? 홍보하는 대상에게 그것이 정말로 유익하다고 생각하는가?

자신의 가치를 믿는다면 그것을 필요로 하는 사람들에게 알리지 않고 숨기는 게 옳은 일일까? 당신에게 관절염 치료제가 있는데 관절염으로 고생하는 사람을 만났다고 치자. 그에게 약이 있다는 사실을 숨기겠는가? 그 사람이 당신의 마음을 읽을 때까지, 당신에게 치료약이 있을 거라고 짐작할 때까지 기다리겠는가? 너무 소심해서, 두려워서, 너무 잘난 사람이라서 홍보를 할 수 없기 때문에 아파하는 사람을 그대로 보고만 있어야 하겠는가?

다 그런 것은 아니지만 홍보를 꺼리는 사람들은 대개 자신의 상품에 확신이 없거나 자신을 충분히 믿지 못하는 사람들이다. 그러니 자신의 가치를 강하게 확신하는 사람이 누구를 만나든 수단과 방법을 다 동원해서 자신을 알리고 홍보할 수 있다는 사실 자체를 상상하지 못하는 것이다.

　당신이 제공하는 것이 사람들에게 정말로 유익하다고 믿는다면 최대한 많은 사람들에게 알리는 것이 의무다. 그렇게 함으로써 많은 사람들을 도울 수 있을 뿐 아니라 당신은 부자가 된다!

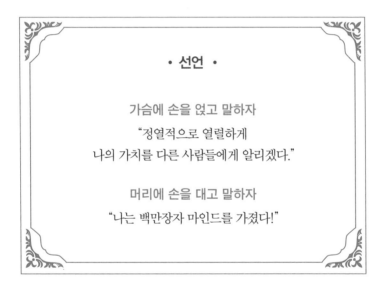

　　　　• 선언 •

　　가슴에 손을 얹고 말하자
　　　"정열적으로 열렬하게
　나의 가치를 다른 사람들에게 알리겠다."

　　머리에 손을 대고 말하자
　"나는 백만장자 마인드를 가졌다!"

자신과 자신의 가치를 알려야 한다

1   당신이 지금 제공하고 있는(혹은 계획하고 있는) 상품이나 서비스
    가 얼마나 가치 있다고 믿는가?
    1부터 10까지 등급을 매겨보라. (1은 가장 낮은 수준, 10은 가장 높
    은 수준이다)
    7에서 9의 결과가 나왔다면 가치를 높이기 위해 상품이나 서비스
    를 개조하라.
    6 이하의 결과가 나왔다면 그 상품이나 서비스 제공을 중지하고
    확실히 가치 있다고 믿는 다른 것을 선택하라.

2   마케팅과 판매에 관한 책을 읽고 영상을 보고 강의를 들어라.
    당신의 가치를 100퍼센트 홍보할 수 있을 정도로 해당 분야의 전
    문가가 되어라.

어떤 어려움이 닥쳐도
그보다 강해져라

부자는 그들의 문제보다 크다
가난한 사람은 그들의 문제보다 작다

전에 말했듯이 부자가 된다는 것은 공원을 한가 롭게 거니는 일이 아니다. 여기저기 꼬이고 틀어지고 어쩔 때는 빙 돌아가야 하고 장애물에 걸리기도 한다. 부자가 되는 길에는 함정과 덫이 즐비하다. 그래서 대부분의 사람들이 목적지까지 도착하지 못하는 것이다. 그들은 도전에 맞서거나 골치를 썩거나 책임지는 게 싫다. 즉 문제가 생기는 것을 바라지 않는다.

여기에 부자와 가난한 사람의 커다란 차이가 있다. 성공한 부자들은 자신에게 닥치는 어려움보다 크다. 성공을 모르는 가난한 사람들은 그들의 어려움보다 작다.

가난한 사람들은 문제를 피하려고 무슨 짓이든 한다. 골치 아픈 일이 보이면 도망친다. 문제를 피하려고 안간힘을 쓰는 그들에게 가장 큰 문제가 생기다니 아이러니한 일이 아닐 수 없다. 돈 없는 비참한 신세 말이다. 어려움 앞에서 움츠러들거나, 문제를 없애려 하거나, 피하려 해서는 성공할 수 없다. 어떤 어려움이 닥쳐도 그보다 강해질 수 있도록 자신을 키우는 것이 성공의 비결이다.

1부터 10까지의 단계가 있는데(1이 제일 낮은 지점이다) 당신이 2단계의 성격과 태도를 가진 상태에서 5단계의 문제를 쳐다본다고 가정해 보자. 이 문제가 크게 보일까 작게 보일까? 2단계 시점에서 보면 5단계 문제는 큰 문제인 것 같다.

이제 자신을 키워서 8단계의 사람이 되었다고 하자. 똑같은 5단계 문제가 큰 문제일까, 작은 문제일까? 놀랍게도 똑같은 문제가 이제는 작은 문제로 보인다.

마지막으로 당신이 각고의 노력 끝에 10단계로 올라갔다면 어떨까. 이제 똑같은 5단계 문제는 큰 문제일까, 작은 문제일까? 전혀 문젯거리가 되지 않는다. 애당초 당신의 뇌에 문제로 입력되지도 않는다. 부정적인 에너지가 생겨나지 않는다. 이를 닦거나 옷을 입는 것처럼 쉽게 해결할 수 있는 일일 뿐이다.

돈 많은 사람이건 가난한 사람이건, 크게 노는 사람이건 작게 노는 사람이건 우리에게 문제는 끊임없이 일어난다. 숨을 쉬고 있는 한은 문제와 장애물들이 당신의 인생에 항상 찾아들 것이다. 간단하게 풀어주겠다. 문제의 크기는 결코 문제가 아니다. 중요한 것은 당신의 크기다!

감당하기 힘들 수도 있겠지만 성공으로 향하는 계단을 오르려면 당신의 삶에 진짜로 무슨 일이 벌어지는지 알아야 한다. 준비됐는가? 자, 시작하자.

삶에 커다란 문제가 있다면, 그것은 당신이 작은 사람이라는 뜻이다! 보이는 모습에 속지 말라. 밖으로 드러난 세계는 내면세계를 비추는 거울에 불과하다. 이 상황이 영원히 달라지기를 바란다면 문제의 크기를 쳐다보지 말고 당신의 크기를 쳐다보라!

거친 방법이지만 나는 세미나 참석자들에게 이렇게 말한다. 큰 문제가 생겼다고 생각될 때마다 자신을 손가락질하며 "내가 작아서, 내가 작아서 그렇다!"고 소리치라고. 이것은 당신의 생각을 일깨워서 근본적인 원인이 자리한 당신 자신에게 관심을 되돌리는 효과가 있다.

그다음에 '높은 차원의 상위 자아'(피해자처럼 구는 하위 자아가 아니다)에서 깊이 심호흡을 하고 "어떠한 문제나 장애물도 나의 행복과 성공을 방해할 수 없도록 더 큰 사람이 되겠다."고 결심하라.

당신은 당신의 부를 담을 그릇이다

큰 문제를 해결할 수 있으면 그만큼 감당할 수 있는 사업도 커진다. 커다란 책임을 감당할 수 있으면 그만큼 거느릴 수 있는 직원도 많아진다. 거래할 수 있는 고객이 많아지면 다룰 수 있는 돈도 많아지고 궁극적으로 당신이 굴릴 수 있는 재산도 많아진다.

다시 강조하겠다. 당신의 소득은 당신이 하는 만큼만 늘어난다! 또한 당신이 부자가 되었을 때, 그 재산을 관리하고 유지할 수 있는 방법은 장애나 문제를 넘어설 수 있을 정도로 자신을 키워나가는 것이다.

그런데 돈을 버는 것과 재산을 관리하고 유지하는 일은 전혀 다른 이야기다. 누가 알았겠는가? 나도 몰랐다. 돈을 벌기만 하면 성공한 거라고 생각했다! 내가 처음에 벌어들인 100만 달러가, 벌었을 때만큼 빠르게 내 손에서 빠져나갔다고 하면 믿을 수 있겠는가? 이제와 생각하면 문제가 무엇이었는지 알 만하다. 그때 당시에 나의 도구함은 내가 벌어들인 재산을 관리할 만큼 크거나 강하지 않았다. 백만장자 마인드의 원칙들을 훈련해서 나 자신을 다시 세팅할 수 있었던 게 감사할 따름이다! 새로운 경제 청사진 덕분에 나는 100만 달러를 되찾았을 뿐 아니라 몇 갑절 더 부자가 되었다. 이제는 그 재산을 유지하며 경이적으로 계속 불려가고 있다!

당신은 하나의 그릇이다. 당신의 부를 담을 수 있는 그릇이다.

그릇은 작은데 돈이 많으면 어떻게 되겠는가? 그릇은 그 돈을 주체하지 못할 테고 돈은 밖으로 튀어나가 사방팔방으로 쏟아질 것이다. 다시 말해서 금방 없어진다. 그릇의 크기보다 많은 돈을 담을 수는 없다. 많은 재산을 담아두고 더 많이 집어넣을 수 있으려면 당신의 그릇이 커져야 한다. 우주는 진공상태를 싫어하기 때문에 당신의 그릇에 넉넉한 공간이 비어 있으면 그 공백에 더 많은 돈을 채우려고 움직이기 시작한다.

아까 하던 이야기로 돌아가자. 부자들이 자신에게 닥치는 어려움보다 큰 이유는, 그들이 문제에 집중하지 않기 때문이다. 그들은 목표에 집중한다. 우리의 마인드는 일반적으로 더 강한 쪽에 초점을 맞춘다. 당신은 아마 문제가 심각하다며 허둥대고 있거나 해결책을 찾아 노력하는 중이거나 둘 중 하나일 것이다. 성공한 부자들은 해결책을 찾는다. 제기된 문제의 해답을 찾아 전략을 짜고, 계획을 세우고, 그런 문제의 재발을 막는 시스템 가동에 시간과 에너지를 쏟는다.

가난한 사람들은 문제의 뒤꽁무니를 쫓아다닌다. 불평하고 투덜거리는 데 에너지와 시간을 소비하느라 해결책을 생각할 겨를이 없다. 문제의 재발을 막는 방법을 찾는다는 것은 더더구나 힘들다.

부자들은 문제에 밀려 뒷걸음치지 않는다. 문제를 회피하거나 불평하지 않는다. 그들은 경제 분야의 전사들이다. 전사란 '자신을 이기는 사람'이다.

요약하겠다. 문제를 처리하고 장애를 뛰어넘을 수 있는 '대인'
이 된다면 당신의 성공가도를 가로막을 수 있는 것은 아무것도 없
다. 그렇다면 당신의 성공은 멈추지 않을 것이다! 막힘없이 전진
할 수 있다면 어떤 것들을 선택할 수 있을까? 뭐든지 선택할 수 있
다. 막힘없이 나갈 수 있는 사람은 무엇이든 활용할 수 있다. 당신
이 선택하는 것은 그대로 당신의 것이 된다! 그 자유로움을 음미
하라!

• 선언 •

가슴에 손을 얹고 말하자
"나는 어떤 어려움보다도 크다!"
"나는 어떤 문제도 처리할 수 있다!"

머리에 손을 대고 말하자
"나는 백만장자 마인드를 가졌다!"

어떤 어려움이 닥쳐도
그보다 강해져라

1 커다란 문제가 생겼다고 느껴질 때마다 자신에게 손가락질하며
   "내가 작아서, 내가 작아서 그렇다!"라고 소리쳐라.
   그다음에 깊이 숨을 들이쉬고 말하라.
   "나는 이 문제를 처리할 수 있다. 난 어떤 문제보다도 크다."

2 지금 문제가 되는 사항을 하나 적어라. 문제를 해결하거나 적어도
   이 상황을 개선할 수 있는 방안 10가지를 구체적으로 적어라.
   이 행동으로 당신의 생각은 문제에서 해결책으로 옮겨갈 것이다.
   그러면 2가지 이점이 생긴다.
   첫째, 문제를 해결할 가능성이 커진다. 둘째, 기분이 한결 좋아
   진다.

"나는 충분히 받을 만큼 가치 있는 사람이다."

**부자는 잘 받는다
가난한 사람은 잘 받지 못한다**

사람들이 경제적인 잠재력을 충분히 발휘하지 못하는 이유를 하나만 꼽으라면 '받는 능력'의 부족이라고 하겠다. 남에게 주는 것을 잘하는 사람들은 꽤 많지만 받는 쪽으로는 어색해하는 사람이 절대다수다. 그들은 받는 능력이 부족하기 때문에 잘 받지 못하는 것이다!

사람들이 잘 받으려 하지 않는 이유에는 몇 가지가 있다. 우선은 받을 자격이 없다거나 자신에게 그만한 가치가 없다고 생각해서다. 이것은 우리 사회에 만연해 있는 증상이다. 90퍼센트 이상의 사람들이 자신을 훌륭하다고 여기지 못하고 있다.

이런 열등감이 어디서 기인하는 걸까? 대개는 이미 규정되어 있는 조건 때문이다. "된다."는 말보다 "안 된다."는 말을 열 배 더 들었고, "잘한다."는 말보다 "못한다."는 말을 열 배 더 들었고, "대단하다."는 말보다 "멍청하다."는 말을 다섯 배쯤 더 많이 들으며 살아왔기 때문이다.

부모님이나 보호자가 물심양면으로 지원해 주었더라도 그들의 기대치와 칭찬에 계속 맞출 수 없을 것 같은 느낌이 든다. 그래서 부족하다고 느낀다.

그 외에 어릴 때 받는 처벌도 하나의 역할을 한다. 잘못을 하면 벌을 받아야 한다는 것이 암묵적인 규칙이다. 종교적인 테두리 안에 있는 사람들은 모든 벌 중에서도 최고봉인 천국에 들어가지 못한다는 위협을 받기도 한다.

물론 어른이 된 지금은 그런 벌을 받지 않는다. 정말 그럴까? 아니다! 대개의 사람들에게는 처벌 규정이 아주 뿌리 깊이 박혀 있어서 실수를 하거나 모자람이 드러났을 때 주위에 벌할 사람이 없는데도 무의식적으로 자신에게 벌을 내린다. 어렸을 때는 "나쁜 아이니까 사탕을 주지 않겠다."와 같은 식으로 벌을 받았을지 모른다. 그런데 이제는 "넌 나쁜 사람이니까 돈을 벌 수 없다."라는 형태로 벌이 내려진다. 사람들이 무의식적으로 자기 소득에 한계를 긋거나 자기 성공을 파괴하는 이유를 여기서 찾을 수 있다.

사람들이 잘 받지 못하는 것은 어쩌면 당연하다. 작은 실수 하나만 저질러도 남은 평생 비참하고 가난해질 거라고 생각하기 때문이다. 너무 가혹한 처벌이라고? 우리 마인드가 언제부터 논리적이었나? 언제부터 그렇게 동정심이 많았는가? 우리의 마인드는 과거에 입력한 프로그램으로 가득 찬 파일 폴더다. 수많은 재앙과 극적인 사건들이 이미 한가득 채워져 있다. '상식적으로 납득할 만한 일이거나 아니거나' 하는 문제는 중요하지 않다.

이 이야기를 들으면 기분이 좀 나아질지 모르겠다. 어차피 자신을 가치 있게 느끼건 느끼지 않건 당신은 부자가 될 수 있다. 부자들 중에서도 자기 가치를 확신하지 못하는 사람이 많다. 사실 사람들이 부자가 되고 싶어 하는 중요한 이유는 자신에게 또는 다른 사람들에게 자신의 가치를 증명하고 싶어서다. 그러나 자신을 증명하려고 부자가 되는 것은 행복을 가져다주지 못하므로 부자가 되려는 동기를 달리 가져야 한다고 앞에서 말한 바가 있다.

물론 자신의 가치를 확신하지 못한다고 부자가 되지 못하는 것은 아니고 경제적인 측면만을 보면 오히려 동기를 부여하는 힘이 될 수도 있다. 내가 무슨 말을 하려는 것인지 잘 이해하기 바란다. 지금이 당신의 인생에서 제일 중요한 순간일지 모른다. 준비됐는가? 그럼 시작하자.

당신에게 가치가 있거나 혹은 없다고 생각하는 것은 모두 지어낸 '이야기'다. 우리가 의미를 부여하지 않는 한 그 무엇도 의미를 지니지 못한다. 태어날 때 도장 찍는 줄을 거쳐서 태어났다는 사람이 있던가? 하느님이 한 사람 한 사람 지나갈 때마다 이마에 도장을 찍어주는 모습을 상상할 수 있겠는가? "합격…… 불합격……. 합격……. 불합격……. 어이쿠, 이건 완전 불량품일세." 미안하지만 나는 이런 식으로 사람이 생겨났다고 생각지 않는다.

'합격', '불합격' 도장을 찍는 사람은 없다. 그 도장을 찍는 사람은 당신이다. 당신이 그것을 만든다. 당신이 결정한다. 가치 있는 사람인지 아닌지 결정하는 사람은 오직 당신이다. 당신이 스스로 가치 있다고 말하면 그런 것이다. 스스로 가치 없다 말하면 가치 없는 사람인 것이다. 어느 쪽이건 당신은 스스로 지어낸 이야기에 따라 살아갈 것이다. 이것은 아주 중요한 말이다. 다시 말하겠다. 당신은 스스로 지어낸 이야기에 따라 살아갈 것이다.

사람들이 왜 자신에게 이런 짓을 하는 걸까? 어째서 스스로 가치 없다는 이야기를 꾸며내는 것일까? 인간의 마인드에는 잘못을 찾아다니는 자기 보호 본능이 있기 때문이다. 다람쥐가 이런 걱정을 하던가? '내가 못나서 올 겨울에는 도토리를 많이 모으지 못할 것이다.'라고 생각하는 다람쥐가 있을까? 그럴 리 없다. 지능이 낮은 동물들은 자신에게 절대 그런 짓을 하지 않는다. 지구상에서 제일 머리가 깬 동물만이, 즉 인간만이 이런 식으로 자신에게 한계를 부여할 능력이 있다.

자기 가치를 높이는 의식을 수행하라

나는 자주 "30미터 자라는 떡갈나무에 인간의 마음이 있다면, 3미터밖에 자라지 못할 것이다."라고 이야기한다. 한 가지 제안을 하겠다. 당신의 가치 있음이나 없음보다는 당신이 지어낸 이야기를 바꾸는 편이 훨씬 쉽다. 그러므로 가치 있는 인간이 되어야 한다고 전전긍긍하는 대신에 자신의 이야기를 바꿔라. 그 편이 빠르고 돈도 덜 든다. 당신에게 이득이 되는 이야기를 새로 만들어 그것을 기반으로 살아가면 된다.

"하지만 그럴 수는 없어요. 내가 정말 괜찮은 인간인지 아닌지는 내가 결정할 수 있는 일이 아니에요. 남들이 판단해 주는 것이죠." 이렇게 말할 텐가? 미안하지만 그 말은 맞는 말이 아니다. '개똥!' 같은 말이다. 다른 사람이 과거에 무슨 말을 했고 지금 무슨 말을 하건 달라질 것은 없다. 당신이 믿고 받아들여야 효과가 나는 것이다. 그리고 이것은 당신이 아닌 다른 사람은 해줄 수 없다. 이제 한 가지 게임을 해보자. 내가 세미나에 참석한 수천 명에게 해온 일인데 당신의 분위기 쇄신에도 도움이 될 것이다. "내가 당신에게 자격을 수여하겠노라."

이제부터 특별한 의식을 치르게 될 테니까 절대 정신이 흐트러지면 안 된다. 먹을 것을 우물거리지도 말고, 전화통화도 그만두고, 하고 있는 일을 다 그만두어라. 남자들은 넥타이를 매고 양복을 입어도 좋다. 턱시도가 최고겠지만. 여성들은 파티에 갈 때 입을 만한 이브닝 드레스와 구두 차림이면 좋겠다. 그렇게 우아하고 좋은 옷이 없으면 지금이 새 옷을 사야 할 때다. 되도록이면 브랜드 있는 제품으로.

준비가 끝났으면 시작하자. 무릎을 꿇고 경건하게 고개를 숙여라. 준비, 시작!

"나에게 주어진 힘으로, 이제부터 나는 그대를 영원토록 '가치 있는 사람'으로 인정하노라!"

됐다. 끝났다. 이제 일어나서 고개를 높이 들어라. 당신은 이제 가치 있는 인물로 거듭났다. 현명한 충고를 귀담아들어라. '나는 무가치하다.'는 쓰레기 같은 생각을 던져버리고 부자가 되는 데 필요한 행동을 취하라!

잘 주기 위해 잘 받는 연습을 하라

사람들이 잘 받지 못하는 또 한 가지 이유는 '받는 것보다 주는 것이 낫다.'는 옛말을 존중해서다. 이말에 대해 나의 의견을 최대한 우아하게 밝혀보자면 "무슨 헛소리야!"다. 그 말은 돼지죽으로나 퍼줄 찌꺼기다. 혹시 모르는 사람을 위해 알려주자면 그런 말은 당신이 주는 것을 받고 싶어 하는 사람 또는 집단들이 이용하는 선전 문구다. 터무니없는 소리다. 뜨거움과 차가움, 밝음과 어두움, 왼쪽과 오른쪽, 안과 밖 중에서 무엇이 더 중요할까. 둘 다 중요하다. 주고받음은 동전의 양면이다. 받는 것보다 주는 게 낫다는 사람은 산수 실력이 형편없는 사람이다. 주는 사람이 있으면 언제나 받는 사람이 있어야 하고, 받는 사람에게는 주는 사람이 있어야 한다.

생각해 보라! 받을 사람이나 받을 물건이 없다면 어떻게 줄 수 있겠나? 2개가 1대 1로, 50대 50으로 균형을 이뤄야 한다. 주고받음이 항상 같은 수준에 있기 때문에 중요성을 따져보아도 똑같이 중요하다.

게다가 줄 때의 느낌은 어떤가? 기분이 좋아지고 만족스럽다. 거꾸로 당신은 주고 싶은데 상대방이 받지 않으려 하면 어떤 기분이 드는가? 속상하고 우울해질 것이다. 이 점을 알아야 한다. '당신이 받지 않으려 한다면 당신에게 주고 싶어 하는 사람의 마음을 아프게 하는 일이다.'

당신은 그들이 느끼려 했던 주는 기쁨과 즐거움을 빼앗고 있다. 대신에 마음을 아프게 하고 있다. 왜냐고? 에너지 작용 때문이다. 주고 싶은데 주지 못하면 그 에너지는 밖으로 나가지 못한 채 안에 갇혀 있게 된다. 그런 갇힌 에너지는 부정적인 감정으로 흐르기 쉽다.

더 심각하게는 받지 않으려 하는 당신의 태도가 우주에게 더 이상 '주지 말라'고 가르치고 있다! 간단하다. 당신이 받을 몫을 거부하면 기꺼이 받으려는 다른 사람에게 그 몫이 돌아간다. 그래서 부자는 더 부유해지고 가난한 사람은 더 가난해진다. 가난한 사람들이 못나서 혹은 가난할 운명이라서가 아니라 그들은 받지 않으려 하고 부자들은 기꺼이 받으려 하기 때문이다.

혼자서 숲으로 캠핑을 갔을 때 일이다. 이틀 정도 묵을 것을 예상하고 바람막이 텐트를 쳤다. 방수천의 윗부분을 나무에 묶어놓고 밑 부분을 땅에 고정시키면 내 머리 위로 45도 기울어진 지붕이 생긴다. 텐트를 친 게 천만다행이었다. 밤새 비가 왔던 것이다. 다음 날 아침, 텐트의 보호를 받은 나와 물건들은 전혀 젖지 않았지만 방수천 밑 부분에는 깊은 웅덩이가 패여 있었다. 그것을 보는 순간 내 안의 목소리가 속삭였다. '자연은 풍성하지만 분별력이 없다. 비가 내리면 어디로든 흘러가야 한다. 한쪽이 말라 있으면 다른 쪽은 두 배로 젖는다.'

돈이 흐르는 방식도 마찬가지라는 생각이 들었다. 세상에 돈은 충분히 존재한다. 수조 원에서 수조 원을 곱한 돈들이 굴러다닌다. 그 풍성함은 어디로든 흘러가야 한다. 그렇다. 누군가 자기 몫을 받으려 하지 않으면, 받으려는 사람에게 가야 한다. 빗물은 자기가 어디로 흐르건 상관하지 않고 돈도 마찬가지다.

세미나를 진행할 때 나는 이 시점에서 특별 기도문을 가르친다. 그날 숲에서 깨달은 것을 토대로 만들어낸 기도문인데 약간 장난스럽긴 하지만 교훈은 분명하다. "하늘이시여, 자신에게 오는 훌륭한 것들을 받으려 하지 않는 사람이 있거든 그걸 나에게 보내주십시오! 두 팔 벌려 그 축복을 모두 받아들이겠습니다. 고맙습니다."

이 문장을 몇 번 따라 하라고 하면 사람들이 아주 재미있어 한다! 축복을 모두 받아들인다고 생각하는 것만으로도 기분이 좋아지고 전혀 이상한 일처럼 느껴지지 않는다. 그 반대되는 생각들은 다 지어낸 이야기다. 당신이나 다른 누구에게도 도움이 안 되는 이야기일 뿐이다. 그것을 집어던지면 당신의 돈이 찾아 들어올 것이다.

부자들은 열심히 일하고 노력만큼 보상받는 것이 합당하다고 믿는다. 가난한 사람들도 열심히 일하지만 자기 가치를 믿지 않기 때문에 노력에 대해 제대로 보상받는 것이 부적절하다고 생각한다. 이런 믿음이 그들을 희생양의 자리에 앉힌다. 제대로 보상받으면 어떻게 '착한' 희생양이 될 수 있겠는가?

가난한 사람들은 자신이 가난하기 때문에 더 나은 사람이라고 믿는 경우가 많다. 자신이 더 경건하거나 영적이거나 착한 사람이라서 가난하다고 말이다. 그게 아니다! 가난한 사람은 그냥 가난한 사람이다. 세미나에서 한 신사가 눈물을 흘리며 나에게 다가와 말했다. "부자가 되어도 괜찮은 거로군요. 부자가 되는 게 좋은 일일 수 있다는 걸 몰랐습니다." 나는 그에게 말했다. "당신이 가난하게 산다고 해서 다른 가난한 사람들에게 무슨 득이 됩니까? 당신이 무일푼이라고 해서 누구에게 도움이 됩니까? 남에게 짐이 될 뿐 아닌가요? 부자가 되어 약자가 아닌 강자의 자리에서 다른 사람들을 도와주는 게 낫지 않겠습니까?"

그는 울음을 그치고 말했다. "이제 알았습니다. 내가 얼마나 쓰레기 같은 생각을 하고 있었는지. 돈을 많이 벌어서 남을 도울 수 있는 사람이 되겠습니다. 고맙습니다." 그는 새사람이 되어 자기 자리로 돌아갔고, 얼마 후에 보내온 이메일에서 전보다 10배를 더 벌고 있으며 날아갈 것 같은 기분이라고 전했다. 무엇보다 아직 힘들게 살고 있는 친구와 가족을 도와줄 수 있어서 기분이 좋다고 했다.

여기서 중요한 핵심이 나온다. 큰돈을 벌 기회가 있으면 그것을 잡아라. 왜? 부자가 될 수 있다는 건 대단한 행운이기 때문이다. 개중에는 기회조차 없는 사람들이 있다. 진정한 부자가 되어 당신처럼 기회를 잡지 못한 사람들에게 도움을 주어라. 아무에게도 쓸모없는 빈털터리 신세보다 그 편이 훨씬 낫다.

물론 이렇게 말할 사람도 있을 것이다. "돈 때문에 사람이 변하면 어떡합니까? 탐욕스런 돼지가 되면 어떡해요?" 우선 그런 말을 하는 사람은 가난한 사람들뿐이다. 자기 실패를 합리화하는 변명이자, 자기 내부의 경제 정원에서 자라는 잡초들이 하는 소리다. 현혹되지 말라!

오해하고 있는 부분을 바로잡겠다. '돈은 지금의 당신 모습을 더 강하게 만들 뿐이다.' 비열한 사람이라면 더 비열해지는 기회가 될 것이고, 다정한 사람이라면 더 다정해지는 기회가 될 것이다. 욕심쟁이는 돈이 많아질수록 더 욕심쟁이가 될 것이고, 넉넉하게 베푸는 사람은 돈이 많아짐으로써 더 넉넉해질 것이다. 아니라고 말하는 사람은 지금 주머니가 텅 빈 사람일 게 틀림없다!

그러면 어떻게 해야 할까? 잘 받는 사람이 되기 위해서는 어떻게 해야 할까?

첫째, 자신에게 양분을 제공하라. 인간이 습관의 동물이라는 것을 명심하라. 삶이 좋은 것을 줄 때마다 의식적으로 받아들이는 연습을 해야 한다. 우리 세미나에서는 특별한 금전관리 시스템을 가르치고 있는데 그중 한 가지 방법으로 '놀이통장'을 마련하라고 한다. 이 통장에 들어가는 돈은 당신이 '백만장자처럼 느낄 수 있게' 양분을 제공하는 활동에 쓰여야 한다. 받는 습관을 자연스럽게 강화시키고 자신의 가치를 확신할 수 있게 하는 방법이다.

둘째, 돈을 찾거나 받을 때마다 감사하고 환호하는 연습을 하라. 우습게도 내가 빈털터리였을 때는 땅에 동전이 떨어져 있는 것을 봐도 절대 그 지저분한 동전을 집으려 하지 않았다. 그런데 부자가 된 지금은 돈 비슷하게 보이는 것만 주워도 기뻐 날뛴다.

행운에 감사하는 뜻으로 거기에 입을 맞추고 크게 소리친다. "나는 돈이 붙는 자석이다. 고맙다, 고마워." 액수가 얼마든 상관없다. 돈은 돈이고 그 돈이 내 눈에 뜨인 건 하늘이 보내준 축복이다.

나에게 오는 건 뭐든지 받을 자세가 되어 있고 나는 그렇게 한다!

부자가 되고 싶다면 두 팔 벌려 받아들일 자세가 되어 있어야 한다. 재산을 유지할 때도 이 자세가 중요하다. 잘 받지 못하는 사람에게 상당한 액수의 돈이 생기면 금세 없어지고 만다. 다시 강조하지만, '내면이 우선이고, 외부 세상은 그다음이다.' 당신의 내부에 받는 상자를 크게 키워라. 돈이 그 공간을 채우는 것을 지켜보라.

우주는 진공상태를 싫어한다. 다시 말해서 빈 공간이 있으면 어떻게 해서든 채우려 한다. 옷장이나 차고가 비어 있을 때 어떤 일이 벌어지는가? 아마 그렇게 빈 상태가 오랫동안 유지되지는 않을 것이다. 받을 수 있는 용량을 키우면 많이 들어오는 게 당연한 이치다.

게다가 받으려는 자세가 잘되어 있으면 다른 것들도 많이 받을 수 있다. 돈뿐만이 아니라 더 많은 사랑, 더 많은 평화, 더 많은 행복, 더 많은 만족이 찾아온다. 왜냐하면 내가 항상 강조하는 원칙이 작동하기 때문이다. '하나를 보면 열을 알 수 있다.'

그 사람의 하나를 보면 다른 10가지도 짐작할 수 있다. 한 부분에서 하는 행동이 다른 부분에 가서 달라질 리 없다. 돈을 받아들이지 않으려는 사람은 삶의 다른 좋은 것들도 받아들이지 않고 있을 것이다. 우리는 일반화하는 습관이 있어서 "여기서 이렇게 하는군. 이게 원래 방식인가 보다. 언제 어디서나 이렇게 하자."고 결정하게 된다.

하나를 받는 게 부담스러운 사람은 다른 어디서도 제대로 받지 못할 것이다. 그러나 다행히도, 받는 연습을 한다면 어디서나 잘 받는 사람이 될 수 있다. 삶의 모든 측면에서 하늘이 내려주는 모든 것을 받아들일 수 있게 될 것이다.

한 가지만 잊지 않으면 된다. 당신이 받는 축복 하나하나에 "고맙습니다."라고 인사하라.

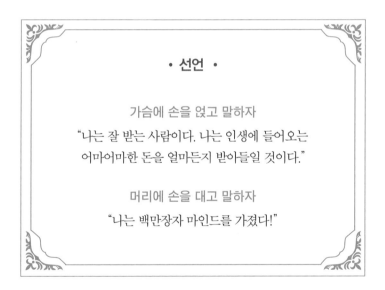

· 선언 ·

가슴에 손을 얹고 말하자
"나는 잘 받는 사람이다. 나는 인생에 들어오는
어마어마한 돈을 얼마든지 받아들일 것이다."

머리에 손을 대고 말하자
"나는 백만장자 마인드를 가졌다!"

"나는 충분히 받을 만큼
가치 있는 사람이다"

1   잘 받는 사람이 되도록 연습하라.

　　칭찬을 들을 때마다 "고마워요."라고 말하자.

　　그 사람을 똑같이 칭찬해 주려고 하지 말라. 상대의 칭찬을 '빛나
　　가게' 하기 때문이다.

　　그 칭찬을 충분히 받아들이고 소유하라.

2   '어떤' 돈이든 찾거나 받을 때 열렬하게 기뻐하라.

　　나가서 소리쳐라. "난 돈이 붙는 자석이다. 고맙다, 고마워." 주운
　　돈, 선물로 받은 돈, 정부에서 받은 돈, 월급으로 받은 돈, 사업으
　　로 번 돈, 모두 다 해당된다.

　　우주는 당신의 믿음을 지원해 주려고 한다. 당신이 돈이 붙는 자
　　석이라고 계속 소리치면, 그리고 그 증거가 있으면 우주도 더 많
　　이 보내줄 것이다.

3   자신의 응석을 받아주어라.

　　최소한 한 달에 한 번, 당신의 몸과 마음에 새 힘을 불어넣을 수
　　있는 일을 하라. 마사지, 매니큐어, 페디큐어를 받아라. 근사한 점
　　심이나 저녁 식사를 즐겨라.

부자가 된 기분을 느낄 수 있는, 부자가 될 자격이 있다고 느낄 수 있는 일들을 하라.

이런 일을 하는 동안 당신은 "나는 풍요롭게 산다."는 메시지를 우주에 보낼 것이고, 그러면 우주는 "알았다."고 답하며 자기 할 일을 부지런히 할 것이다. 그런 기회를 당신에게 더 많이 제공할 것이다.

시간이 아닌 결과에 따라
보상받아라

부자는 결과에 따라 보상받는 것을 선택한다
가난한 사람은 시간에 따라 보상받는 것을 선택한다

"학교에 가라, 좋은 점수를 받아라, 좋은 직장을 잡아라, 안정된 월급을 받아라, 시간을 지켜라, 열심히 일해라……. 그럼 영원히 행복할 것이다." 이런 말을 들은 적이 있는가? 눈으로 직접 확인시켜 줄 수도 있다. 아이들이 읽는 동화책을 들춰보면 바로 이런 충고가 나온다.

이 말이 전부 잘못되었다는 것은 아니다. 주위 사람들을 살펴보거나 당신의 경험을 확인해 보면 답이 나올 것이다. 문제는 '안정된' 월급이라는 말의 이면에 숨은 뜻이다. 안정된 월급을 받는 것은 나쁘지 않다. 그것이 당신이 벌 수 있는 능력만큼 따라주고 있다면 말이다. 그런데 보통은 이 부분에서 문제가 생긴다.

가난한 사람들은 안정된 월급이나 시간제 봉급을 선호한다. 다달이 똑같은 양의 돈이 똑같은 시기에 들어오고 나가는 그 '안정감'이 필요해서다. 그런데 그것에는 대가가 따른다. 부자가 될 기회가 사라지고 있다!

안정된 삶을 바라는 마음에는 두려움이 깔려 있다. 그 마음이 실제로 하고 있는 말은 '내 실력으로 이 이상 벌지 못할 것 같아 두려워. 그러니까 먹고살 만큼 혹은 편안할 정도로만 버는 편이 나아.'라는 것이다.

부자는 자신이 만들어내는 결과에 따라 보상받는 쪽을 선호한다. 완전히 아니면 부분적으로라도 그런 방식을 택한다. 부자들은 자기 사업체를 갖고 있는 경우가 많고 그 수익으로 소득을 벌어들인다. 건당 수수료를 받거나 총수입의 몇 퍼센트를 받기로 하고 일한다. 높은 연봉을 받기보다 스톡옵션과 이익을 배분하는 인센티브제를 선호한다. 어느 것 하나 확실한 보장은 없다. 하지만 자본 시장에서는 흔히 위험이 클수록 보상도 크다.

부자들은 자신을 믿는다. 자신의 가치를 믿고 그 가치만큼 확실히 보여줄 수 있다고 믿는다. 가난한 사람들은 그렇지 않기 때문에 그들에게는 보장이 필요하다.

최근에 어느 홍보 담당 컨설턴트가 나한테 찾아와 한 달에

4,000달러를 받고 일하겠다는 제안을 했다. 나는 4,000달러를 들여서 내가 얻게 되는 이익이 무엇이냐고 물었다. 한 달에 2만 달러어치의 광고 효과를 볼 수 있다는 대답이었다. 그래서 내가 또 물었다.

"그 정도의 결과가 나오지 않으면 어떡하죠?"

그녀는 그래도 자신이 그만큼의 시간을 들일 것이기 때문에 4,000달러를 받아야 한다고 말했다.

"난 시간당으로 계산하고 싶지 않소. 결과에 따라 보상하는 게 옳다고 봅니다. 그만한 결과가 나오지 않으면 그 돈을 다 줄 이유가 없잖소? 반대로 당신이 그 이상의 결과를 만들어내면 더 받을 자격이 있겠지요. 이렇게 합시다. 당신이 만들어내는 광고효과의 50퍼센트를 주겠소. 실적이 좋으면 한 달에 1만 달러도 받을 수 있소. 4,000달러의 2배가 넘는 금액이오."

그녀가 받아들였을까? 거절했다! 그녀가 빈털터리였을까? 그렇다! 부자가 되기 위해서는 결과에 상응해서 보상받아야 한다. 이것을 알아내기 전까지 그녀는 계속 그 상태일 것이다.

가난한 사람들은 돈과 시간을 교환한다. 그런데 이 전략의 문제점은 시간이 한정되어 있다는 것이다. 이런 상황에서는 필연적으로 부자들의 원칙인 "소득에 한계를 긋지 말라."는 원칙이 깨지고 만다.

시간당 계산법은 부자가 될 수 있는 기회를 상당 부분 없애버린다. 시간당 급료를 받는 서비스 분야에도 이 원칙이 적용된다. 동료 없이 혼자 일하는 변호사, 회계사, 컨설턴트 등은 수익을 다른 사람과 나눌 필요는 없겠지만 기껏해야 웬만큼 살아갈 정도만 번다.

당신이 볼펜 장사를 하는데 5만 자루의 주문이 들어왔다고 해보자. 어떻게 할 것인가? 공급업체에 연락해서 5만 자루의 볼펜을 주문하고 물건을 보낸 다음에 당신이 벌어들인 수익을 즐겁게 계산하면 된다.

반면에 당신이 마사지 치료사인데 당신의 마사지를 받으려는 사람 5만 명이 문밖에 줄을 서 있다고 가정해 보자. 어떻게 하겠는가? 볼펜 장사를 택하지 않은 자신이 원망스러울 것이다. 무슨 방법이 있겠는가? 맨 마지막에 서 있는 사람에게 '약간 늦게' 마사지를 해드리겠다고 설명하는 수밖에. "목요일 3시 15분, 지금으로부터 40년 후 이 시간에 다시 와주십시오!"

개인 서비스업에 종사하지 말라는 것이 아니다. 당신 자신을 여러 명으로 복제하거나 사업 규모를 늘릴 방법을 찾지 않는 한 빠른 시일에 부자가 되기 힘들 뿐이다.

월급이나 시간당 급료를 받는 사람들을 많이 만나게 되는데 그들 대부분은 자신의 가치만큼 보상을 받지 못한다고 불평한다. 내가 하는 대답은 대충 이렇다.

"그건 누구 생각인가요? 당신의 사장은 줄 만큼 주고 있다고 생각할 텐데요. 지불 체계를 월급이 아닌 실적에 따른 보상으로 바꿔달라고 하면 어떨까요? 전적으로든 부분적으로든 말이죠. 그게 안 되면 직접 시작해 보는 방법도 있지요. 그러면 확실하게 당신의 가치만큼 벌게 될 겁니다." 그들은 이 충고를 그리 달가워하지 않는 것 같다. 시장에서 '진짜' 가치를 시험받기가 두려운 것이다.

결과에 따라 보상받기를 두려워하는 이유는 오랫동안 머리에 박혀 있던 조건들을 벗어나는 것이 두렵기 때문이다. 그들의 머리에는 안정된 월급이 곧 정상적인 보상 체계라는 과거의 프로그램이 들어 있다.

부모를 탓할 수는 없다. 피해자인 척하는 사람들은 부모를 비난하고 싶겠지만 말이다. 부모는 어떻게든 자식을 보호하려 하고 자식이 안정적으로 살아가기를 바란다. 다들 알고 있겠지만 규칙적인 수입이 없는 자식에게 부모들이 제일 흔하게 하는 말은 "언제 진짜 직장을 잡을 거냐?"는 종류의 말이다.

나의 부모님이 이런 질문을 했을 때 나는 "절대 그럴 일은 없다!"고 대답했다. 어머니는 너무나 괴로워했지만 아버지는 등을 두드려주었다. "그래. 남의 밑에서 월급 받아갖고는 절대 부자가 못 되지. 직장을 잡을 거면 수익의 몇 퍼센트를 떼어달라고 해. 그게 아니면 직접 사업을 해!"

어떤 형태이든 자기사업을 시작하라

나도 '자신을 위해' 일하라고 권하고 싶다. 당신의 사업을 하라. 건당 수수료를 받아라. 총수입이나 수익의 몇 퍼센트를 받아라. 스톡옵션을 받아라. 어떤 일을 하건 간에 당신이 산출한 결과에 따라 보상받을 수 있는 상황을 만들어라. 개인적으로는 세상 사람들 모두가 전업이든 부업이든 자기 사업을 해야 한다고 생각한다.

그 이유는 첫째, 지금까지 대부분의 백만장자는 자기 사업을 해서 부자가 되었다. 둘째, 버는 돈의 절반 정도를 세금으로 내야 하는 상황에서는 부자가 되기 어렵다. 자기 사업을 하면 차량유지비, 출장비, 교육비, 주택비 등의 비용을 경비처리해서 세금을 줄일 수 있다. 두 번째 이유만으로도 자기 사업을 할 가치가 있지 않은가?

반짝이는 사업 아이디어가 없더라도 걱정하지 말라. 다른 사람의 아이디어를 활용하면 된다.

첫째, 수수료 체계로 일하는 영업자가 될 수 있다. 판매 쪽은 보상이 큰 직종 중의 하나다. 잘하면 큰 재산을 모을 수 있다.

둘째, 네트워크 마케팅 회사에 들어갈 수 있다. 그 방면에 유능한 사람들이 수십 명쯤 있는 데다가 그들의 상품과 시스템으로 당장 시작할 수 있다. 약간의 돈만 있으면 판매자distributor가 될 수 있다. 더구나 조금만 관리해도 사업하는 장점을 누릴 수 있다.

실제로 네트워크 마케팅은 부자가 되고자 하는 마음의 원동력이 될 수 있다. 하지만 무임승차하려는 생각은 버려야 한다. 네트워크 마케팅은 당신이 잘해야만 좋은 결과가 나오는 것이고, 성공하려면 시간과 에너지의 훈련이 필요하다. 잘하면 한 달에 2만에서 5만 달러 정도의 소득을 벌 수 있다. 어쨌든 판매자가 되는 것만으로 세금상의 이익을 누릴 수 있고, 좋은 상품을 소개하는 즐거움과 함께 큰 돈까지 덤으로 벌 수 있을지 모른다.

당신의 직업을 계약자의 입장으로 바꾸는 방법도 있다. 당신이 곧 직원이자 사장인 회사를 운영하는 셈이다. 고용주가 호의적인 반응을 보일 경우 당신이 지금 하고 있는 일을 똑같이 하되 당신 대신에 당신의 회사와 계약하는 방식을 취하는 것이다. 몇 가지 법적 조건이 충족되어야겠지만 고객이 한둘이라도 더 생기면 그만큼 사업주로서 받을 수 있는 보상이 커지고 세금 혜택도 누릴 수 있다.

'우리 사장은 절대 그렇게 해주지 않을 거야.'라고 생각할 수 있다. 나도 이 점에 대해서는 확실히 말할 수가 없다. 하지만 당신이 알아야 할 게 있다. 회사가 직원 한 명을 고용하는 데에는 상당한 고정비용이 들어간다. 월급이나 주급을 줘야 하고 그 직원이 버는 소득의 25퍼센트나 그 이상을 정부에 내야 한다. 거기에 직원용 복지 혜택 비용까지 추가되면 당신을 독립된 사업자로 고용하는 편이 회사 입장에서 오히려 유리할 수 있다. 물론 직원으로 받는 혜택이 사라진다는 단점은 있지만 세금을 적게 내고 남는 돈으로 당신이 직접 필요한 혜택을 누리면 된다.

　결국 당신이 자신의 가치만큼 버는 방법은 결과에 따라 보상받는 방법이다. 나의 아버지가 한 말씀이 옳다. "남의 밑에서 월급 받아갖고는 절대 부자가 못 되지. 직장을 잡을 거면 수익의 몇 퍼센트를 떼어달라고 해. 그게 아니면 직접 사업을 해!"

　현명한 충고 아닌가!

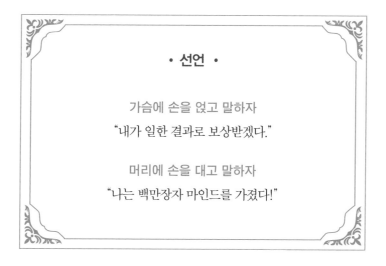

· 선언 ·

가슴에 손을 얹고 말하자
"내가 일한 결과로 보상받겠다."

머리에 손을 대고 말하자
"나는 백만장자 마인드를 가졌다!"

시간이 아닌 결과에 따라 보상받아라

1   현재 주급이나 월급 받는 일을 하고 있다면 부분적으로라도 회사의 수익과 당신이 산출한 결과로 보상받을 수 있는 보상 체계를 만들어 사장에게 제시하라.

자기 사업을 한다면 직원이나 중요한 공급업체들이 산출한 결과와 당신 회사의 결과에 따라, 보다 융통성 있게 움직일 수 있는 보상 체계를 만들어라.

이 계획을 즉시 실천에 옮겨라.

2   당신이 만들어내는 결과와 가치에 상응하는 보상을 받지 못하고 있다면 당장 자기 사업을 시작하라.

처음에는 파트타임으로 시작할 수 있다. 네트워크 마케팅 회사에 합류하거나, 당신이 아는 지식을 가르치는 강사가 되거나, 당신이 일하던 회사와 독립된 사업자로 계약을 체결할 수 있다. 하지만 이번에는 시간당이 아니라 실적과 결과로 보상받아라.

백만장자 마인드 12

둘 다
가질 수 있다

부자는 '둘 다' 생각한다
가난한 사람은 '하나'만 생각한다

부자는 풍요로운 세상에 산다. 가난한 사람은 한
정된 세상에 산다. 물론 물리적으로는 같은 세상에 살고 있지만
그들이 세상을 바라보는 시각에는 차이가 있다. 저소득층과 대개
의 중산층은 부족함을 바라본다. '딱 그 정도밖에 없는 거다. 절대
로 충분하지 않다. 모든 걸 가질 수는 없다.'는 것이 그들 삶의 모
토다. 그러나 세상 모든 것을 다 가질 수는 없겠으나 '당신이 진실
로 원하는 것은 모두 다' 가질 수 있다.

사회적으로 성공하면서 가족과도 잘 지내고 싶은가? 사업을 잘

하면서 인생을 즐기고도 싶은가? 부자가 되고 싶지만 좋아하는 일
도 하고 싶은가? 가난한 사람들은 어느 한쪽만 선택해야 하는 줄
알고 고민에 빠지는 반면, 부자들은 둘 다 선택할 수 있음을 알고
있다.

2가지 모두를 가질 방법을 탐구하라

부자들은 대치되어 있는 듯 보이는 2가지 상황에서도 조금만
머리를 쓰면 양쪽 다 가질 수 있는 방법이 있을 거라고 믿는다. 앞
으로 2가지 중 하나를 선택해야 할 때, 자신에게 더 근본적인 질문
을 하라. "둘 다 가질 수 있는 방법이 무얼까?" 이 질문이 당신의
인생을 바꿀 것이다. 부족하고 한정된 세상에서 벗어나 무궁무진
한 기회를 얻고 가능성의 우주로 나가게 될 것이다.

이런 사고방식은 당신이 원하는 것에만 국한될 게 아니라 삶의
모든 분야에 적용할 수 있다. 예를 들어보자. 한 공급업체에서 예
정에 없던 추가경비가 발생했다며 그 경비를 나더러 지불하라고
한다. 그런데 나는 그 비용을 공급업체 측에서 지불하는 것이 합
당하다고 생각한다. 예상보다 비용이 많이 들어갔더라도 그것은
그쪽에서 처리할 문제다. 다음에 또 일을 하게 되어 계약서를 쓰
게 된다면 이런 문제를 다시 협상할 마음은 있지만 이미 합의를

하고 서명이 끝난 계약은 그대로 진행하는 것이 옳다고 믿는다. 이런 경우 만일 내가 빈털터리라면 계약한 금액에서 한 푼도 더 지불하지 않겠다는 내 생각을 전달하려고 최선을 다했을 것이다. 그 업체와 다시 일하고 싶은 마음이 있더라도 결국에는 큰 싸움이 벌어지기 쉽다. 내가 이기거나 그쪽이 이기거나 어쨌든 결단을 내려야 하기 때문이다.

하지만 '둘 다' 갖겠다는 사고방식을 훈련한 지금은 내가 그에게 추가경비를 지불하지 않으면서 동시에 그가 우리의 계약에 기뻐할 수 있는 상황을 만들어내기 위해 최선을 다할 것이다. 다시 말해서 나의 목표는 '둘 다' 갖는 것이다!

또 다른 예를 들어보자. 몇 달 전에 나는 애리조나에 별장을 사기로 했다. 관심 있는 지역을 돌아다녀 보았는데 만나는 부동산 중개인들마다 하나같이 "이 동네에서 서재 하나, 침실 세 개가 있는 집을 사려면 100만 달러에서 최소 20~30만 달러를 더 들여야 한다."고 말했다. 나의 목표는 100만 달러 이하의 가격으로 그런 집을 사는 것이었다. 웬만한 사람들은 집에 대한 기대치를 낮추든가 돈을 조금 더 투자하기로 할 것이다. 하지만 나는 둘 다 포기하지 않았다. 그리고 얼마 전에 내가 원하던 바로 그 지역에서 집주인 한 명이 연락을 해왔다. 내가 바라는 그런 집을 20만 달러 깎아서 100만 달러도 안 되는 값에 팔겠다는 것이었다. 의지의 힘이 또 한 번 그 위력을 입증했다.

마지막으로, 내가 부모님에게 입버릇처럼 하던 말은 "좋아하지 않는 일에 노예처럼 매여 살지 않겠다. 좋아하는 일을 하면서 부자가 되겠다."는 것이었다. 그분들의 반응은 다른 부모님들과 비슷했다. "꿈속을 헤매고 있구나. 인생은 그렇게 만만하지 않단다." 또한 이런 말씀도 했다. "일은 일이고, 재미는 재미야. 살 만큼 버는 게 우선이야. 그 후에 남는 시간이 있으면 그때 즐기면 되는 거다."

나는 마음속으로 생각했다. '이 말대로 하면 난 부모님과 똑같아질 거다. 안 돼. 난 둘 다 갖겠다!' 과연 둘 다 갖기가 힘들었을까? 당연하다. 집세와 식비를 해결하기 위해 싫어하는 일을 해야할 때도 있었다. 하지만 둘 다 갖겠다는 목표를 잊지 않았다. 내가 싫어하는 업무나 회사에 안주하지 않았고 결국 내가 좋아하는 일을 하며 부자가 되었다. 이제 그것이 가능하다는 걸 알았기 때문에, 지금도 여전히 좋아하는 일을 하며 재미를 함께 추구하고 있다. 무엇보다 다른 사람들을 가르치며 2가지를 다 누릴 수 있어서 좋다.

돈에 관련된 부분에서 '둘 다'라는 생각은 더욱 중요하다. 가난한 사람들은 경제적인 부분과 삶의 다른 측면들 중 하나만 선택해야 한다고 생각한다. 그러면서 돈이 중요하지 않다고 합리화한다. 적어도 다른 것들만큼은 중요하지 않다고. 착각하지 말라. 돈은 중요하다! 돈이 인생의 다른 것들보다 중요하지 않다니 당치도 않다. 당신의 팔과 다리 중, 무엇이 더 중요한가? 둘 다 중요하지 않은가?

돈은 윤활유다. 삶을 미끄러지듯 움직이게 해줄 수 있다. 돈은 자유를 가져다준다. 또한 갖고 싶은 것을 살 수 있는 자유, 내가 원하는 것을 원하는 때에 갖거나 할 수 있는 자유를 말이다. 돈은 삶의 좋은 것들을 즐길 수 있게 해주고, 어려운 사람을 도울 수 있는 기회도 준다. 게다가 돈이 없는 문제로 걱정하느라 에너지를 낭비할 필요도 없다.

행복도 중요하다. 여기서 또 저소득층과 중산층은 혼란스러워질 것이다. 돈과 행복은 분리되어 있는 게 아닌가, 부자가 되면 행복해질 수 없는 것 아닌가? 하지만 이런 믿음은 당신을 가난한 사람으로 살게 하는 프로그래밍에 지나지 않는다.

진정한 부자들은 둘 다 가지려 한다. 당신에게 팔과 다리 모두 있어야 하는 것처럼 돈과 행복도 둘 다 있어야 한다. 멋지지 않은가!

부자와 가난한 사람들의 중요한 차이점이 또 하나 있다. 부자는 '케이크를 가져갈 수도 있고 당장 먹을 수도 있다.'고 믿는다. 중산층은 '케이크는 너무 비싸니까 한 조각만 가져야겠다.'고 생각한다. 그러나 가난한 사람들은 이런 고민은 커녕 케이크를 가질 수 없다고 생각한다. 그래서 도넛 하나를 주문하고 그 구멍을 노려보며 왜 나는 아무것도 갖지 못할까 고민한다.

케이크를 먹을 수 없다면 가져봤자 무슨 소용인가? 그걸로 뭘

하겠는가? 선반에 놓아두고 쳐다보겠는가? 케이크는 맛있게 먹으라고 있는 것이다.

돈은 돌면서 모두에게 가치를 만든다

'내가 많이 가지면 다른 누군가가 덜 갖게 될 거야.'라고 생각하는 사람들도 '이것 아니면 저것' 둘 중의 하나라고 믿는 사람들이다. 이런 믿음은 두려움이 만들어낸 자기 패배적인 프로그래밍일 뿐이다. 세상 부자들이 돈을 다 갖고 있어서 다른 사람에게 갈 돈이 남지 않는다는 생각은 비상식적이다.

돈이 한정되어 있다고 생각하기 때문에 이런 믿음이 생겨나는 것이다. 내가 경제학자는 아니지만 세상에는 돈이 매일매일 찍혀 나오고 있다. 돈은 실질적인 자산에 묶여 있는 게 아니다. 부자들이 오늘의 돈을 모두 갖고 있더라도 내일 수백만의 돈이 또다시 주인을 찾아 돌아다닐 것이다.

돈이 한정되어 있다고 믿는 사람들은 한 사람의 돈이 다른 여러 사람들에게 반복 사용되어 다양한 가치를 창출할 수 있다는 사실을 모르는 것 같다. 내가 세미나에서 활용하는 방법을 예로 들어보겠다.

우선 참가자 다섯 명에게 각자 물건을 하나씩 들고 나와 동그렇게 서라고 한다. 첫 번째 사람에게 5달러를 주고 그 돈으로 다음 사람에게 물건을 사라고 한다. 그 사람이 펜을 샀다고 가정해 보자. 그럼 첫 번째 사람은 펜을 갖게 되고 두 번째 사람은 5달러를 갖는다. 이제, 두 번째 사람은 그 5달러를 가지고 세 번째 사람에게 클립보드를 산다. 세 번째 사람은 그 5달러로 네 번째 사람에게 공책을 산다.

내가 말하려는 요점을 잘 생각해 보라. 똑같은 5달러짜리 한 장이 각 사람에게 가치를 만들어냈다. 돈은 5달러가 있었을 뿐인데 그 돈이 다섯 명의 사람을 거쳐 각 사람에게 5달러의 가치를 창출했고 전체적으로 합하면 25달러의 가치가 창출되었다. 5달러가 없어지기는커녕 한 바퀴 돌면서 모두에게 가치를 만들어냈다.

여기서 무엇을 알 수 있는가? 첫째, 돈은 없어지지 않는다. 같은 돈이 수많은 사람들 사이를 몇 년이고 돌아다닌다. 둘째, 돈을 많이 갖고 있으면 그 순환에 들어갈 기회가 많아진다. 결국 다른 사람들에게 더 많은 돈으로 더 많은 가치와 교환할 수 있는 기회를 제공하는 셈이다.

이것 아니면 저것이라는 사고방식과는 정반대의 결과다. 좀 더 노골적으로 말해보자. 당신이 다른 사람을 그렇게 걱정한다면, 당신이 다 가져서 남들에게 갈 돈이 없을까봐 걱정이라면, 그들이 자기 몫을(사실 그런 몫은 정해져 있지도 않지만) 챙기길 원한다면, 부자가 되기 위해 노력하라. 당신이 더 많은 돈을 퍼뜨릴 수 있도록 말이다!

친절하고 다정하고 자상하고 관대하고 경건한 사람이 되겠다고? 그거 좋은 말이다. 그래서 부자가 될 수 없다고? 그건 아니다. 둘 다 될 수 있다. 돈은 나쁜 것이라는 생각도, 부자가 되면 덜 착하거나 덜 순수해질 것이라는 통념도 다 집어던져라. 그런 믿음은 허접쓰레기를 퍼 담은 돼지죽 같은 것이고, 이것을 계속 먹어대면 그냥 뚱뚱해지는 게 아니라 뚱뚱한 가난뱅이가 될 것이다. 그러고 보니, 이것도 '둘 다' 갖는 일이긴 하다!

선한 부자가 되기로 결심하라

친절하고 관대하고 다정한 성품은 당신의 지갑에 들어 있는 액수와 아무런 상관이 없다. 그것은 당신의 마음에서 우러나오는 자질이다. 순수하고 경건한 사람이 되는 것도 당신의 통장에 들어 있는 액수와 전혀 상관이 없다. 그런 특징은 당신의 영혼에서 우러나오는 것이다. 돈이 사람을 착하게 또는 악하게 만들 수 있다는 생각은 '이것 아니면 저것' 중에 하나만 고르려는 사고방식이다. 게다가 당신의 행복과 성공에 전혀 도움이 안 되는 '쓰레기 프로그램'이다. 이런 생각은 당신 주위의 사람들에게도 보탬이 안된다. 특히 아이들에게 미치는 해악은 심각하다. 정말 좋은 사람이

되고 싶으면 자식들의 힘을 무의식적으로 빼앗아버리는 그 잘못
된 믿음을 감염시키지 마라.

지금 상황과 상관없이 진심으로 풍족한 삶을 살고 싶으면 하나
만 가져야 한다는 생각 대신에 둘 다 갖겠다는 의지를 다져라.

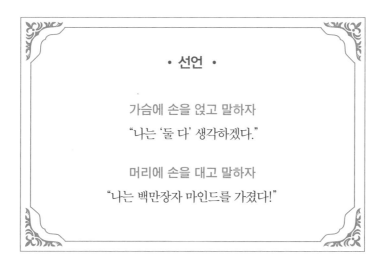

• 선언 •

가슴에 손을 얹고 말하자
"나는 '둘 다' 생각하겠다."

머리에 손을 대고 말하자
"나는 백만장자 마인드를 가졌다!"

둘 다 가질 수 있다

1 '둘 다' 가질 수 있는 창의적인 방법을 꾸준히 생각하고 훈련하라.
선택의 갈림길에 놓일 때마다 자신에게 물어라.
"둘 다 가지려면 어떻게 해야 할까?"

2 돈이 돌고 돌아 모든 사람에게 풍요가 더해질 수 있다고 강력히
생각하라. 돈을 쓸 때마다 이런 식으로 생각할 수 있다.
'이 돈이 수백 명의 손을 거쳐 그들 모두에게 가치를 창출할 것이
다.'

3 '친절하고 관대하고 다정한 성품을 지닌 데다 돈까지 많은 부자'의
모습을 당신이 보여주겠다고 결심하라.

진정한 부의 척도는
순자산이다

부자는 순자산을 계산한다
가난한 사람은 근로소득을 계산한다

사람들은 흔히 돈에 관한 질문을 할 때, "얼마나 버냐?"고 묻는다. "순자산이 얼마냐?"고 묻는 사람은 드물다. 이런 식으로 말하는 사람은 골프장에서나 볼 수 있을 뿐이다.

골프장에서 사람들이 돈에 관해 대화할 때는 대개 순자산을 중심으로 이루어진다. "짐이 이번에 스톡옵션을 팔았는데 300만 달러가 넘어. 폴의 회사가 이번에 상장했는데 800만 달러는 될 거야. 수가 회사를 매각했다는데 이제 1,200만 달러는 되겠어."

반면에 이런 말은 듣기 힘들 것이다. "이봐, 조가 이번에 연봉이

올랐다는데 들었어? 그래, 생계 수당 2퍼센트까지 받았다지?" 그런 말을 하는 사람은 아마 그날의 '손님' 자격으로 온 사람일 것이다.

진정한 부의 척도는 근로소득이 아니라 순자산이다. 순자산이 란 당신이 소유한 모든 것의 금전적인 가치이다. 현금과 주식, 채 권, 부동산, 사업체가 있을 경우에는 사업체의 현재 가치, 집이 있 을 경우에는 그 집의 가치를 포함해서 소유한 재산의 가치를 모두 합산하고 거기서 부채를 뺀 금액이 순자산이다. 순자산은 필요할 때 현금화할 수 있는 자산이므로 그것이 곧 그 사람의 부를 가늠 할 수 있는 척도다.

순자산을 높이기 위한 조건

부자들은 근로소득과 순자산이 상당히 다르다는 사실을 안다. 근로소득도 물론 중요하지만 그것은 순자산을 결정짓는 4가지 요 소 중의 하나일 뿐이다. 순자산의 4요소는 다음과 같다.

- 소득
- 저축
- 투자
- 간소화

순자산을 높이려면 이 4가지 요소를 모두 고려해야 한다. 이 필수 요소들을 차례차례 살펴보자.

소득은 2가지 형태로 들어온다. 근로소득working income과 비활동소득passive income이다.

근로소득은 실제로 일해서 버는 돈이다. 일상적인 직업을 통해 받는 급료, 사업으로 벌어들이는 수익이나 소득이 여기에 해당된다. 즉 당신이 시간과 노동을 투자해서 버는 돈이다. 근로소득 없이는 순자산의 다른 3가지 요소가 무의미해지기 때문에 아주 중요한 요소다.

말하자면 근로소득은 우리의 경제적인 '깔때기'를 채우는 하나의 방식이다. 다른 상황이 다 똑같다고 가정할 때 근로소득을 많이 벌어들이는 사람이 더 많이 저축하고 투자할 수 있다.

이처럼 근로소득은 가장 기본이고 필수적인 요소이지만 이것 하나만으로 전체적인 순자산을 늘리기는 어렵다. 그런데 저소득층과 중산층 사람들은 순자산의 4가지 요소 중에서 근로소득에만 신경을 쓴 나머지 순자산이 없거나 낮은 수준에 머물러 있다.

비활동 소득이란 배당, 이자, 임대료, 특허권 사용료와 기타 소득처럼 당신이 일하지 않고 버는 돈이다. 조금 후에 자세히 설명하기로 하고 지금은 깔때기를 채우는 소득의 줄기가 또 하나 있다는 정도로만 생각하자. 이 2가지 소득을 바탕으로 소비, 저축, 투자가 이루어질 것이다.

저축도 중요하다. 당신이 떼돈을 벌게 되더라도 그 돈을 유지하지 못하면 부자가 될 수 없다. 많은 사람들은 소비 중심의 경제 청사진을 가지고 있다. 가진 돈이 얼마건 소비를 한다. 장기적인 균형보다 즉각적인 만족을 택한다.

소비 지향적인 사람들이 내세우는 모토는 3가지다. 첫째, '이것은 그냥 돈일 뿐이다.' 그래서 그들에게는 돈이 별로 없다. 둘째, '세상은 돌고 도는 거야.' 적어도 그들은 그렇게 되길 바랄 것이다. '미안하지만 지금은 안 돼. 파산했거든.' 이것이 세 번째 모토니까. 소득을 벌어서 깔때기를 채우고 저축으로 그 돈을 유지하지 않으면 그다음의 순자산 요소를 검토하기 어렵다.

소득의 일정 부분을 저축하면 다음 단계로 넘어가 투자를 할 수 있다. 투자를 잘할수록 돈이 불어나는 속도가 빨라지고 순자산도 늘어난다. 부자들은 자금 운용법과 투자법을 배우는 데 시간과 정성을 쏟는다. 유능한 투자자가 된 자신에게, 아니면 대신 자금을 관리해 줄 유능한 투자자를 고용할 수 있었던 자신에게 자부심을 느낀다.

가난한 사람들에게 투자란, 부자들만 하는 일이므로 그들은 그 방법을 알려고 들지도 않고 결국에는 빈털터리 신세로 남는다. 다시 말하지만 순자산의 공식에는 이 4가지 요소가 전부 중요하다.

네 번째 요소, 즉 간소화는 그 중요성을 깨닫는 사람이 많지 않기 때문에 부의 성패를 가르는 복병이 될 수 있다. 간소화는 저축과 동반되는 요소다. 적은 돈으로 살아가는 생활방식을 추구하는 데 핵심이 있다. 생활비를 줄이면 저축과 투자에 들어갈 수 있는 자금이 늘어나는 건 당연한 일이다.

이해를 돕기 위해 한 가지 예를 소개하겠다. 수는 스물세 살 때 현명한 선택을 했다. 집을 한 채 구입했는데 당시 30만 달러도 안 되게 샀던 집을 7년 후 주택시장이 달아오를 때 60만 달러에 팔았다. 30만 달러의 이익을 남겼다는 이야기다.

그녀는 원래 새 집을 살 생각이었는데 세미나에 참석한 후에 다른 방법을 찾았다. 10퍼센트 이자가 붙는 부동산 투자 상품에 돈을 넣어두고 생활방식을 간소화하면 직장에 얽매일 필요 없이 투자에서 나오는 소득으로 편안히 살 수 있다는 사실을 깨달았던 것이다.

그녀는 새 집을 사는 대신에 동생과 살림을 합쳤고 나이 서른에 경제적으로 자유로워질 수 있었다. 돈을 많이 벌어서가 아니라 제반비용을 줄였기 때문이다.

물론 그녀는 계속 일하고 있다. 일을 해야 하기 때문이 아니라 좋아하는 일을 할 뿐이다. 사실은 1년에 6개월 정도만 일하고 나머지 6개월은 피지 섬에서 보낸다. 풍광이 아름다운 데다 비교적 적은 돈으로 풍족하게 누릴 수 있는 곳이라서 그곳을 선택했다. 관광객용 숙소가 아닌 지역 주민의 집에서 생활하는 것도 비용을 줄이는 또 하나의 방법이다.

나이 서른에 일에 얽매일 필요 없이 열대 섬에서 1년의 반을 보낼 수 있는 그녀의 상황을 부러워하는 사람이 얼마나 많겠는가? 당신 나이 마흔에는 가능할까? 쉰 살에는? 예순 살에는? 평생 그렇게 살 수 있는 기회가 올까? 이 모든 것은 수가 큰돈 들이지 않고 살아갈 수 있도록 생활방식을 간소화해서 얻어낸 결과이다.

당신이 경제적으로 행복해지려면 얼마가 필요한가? 대저택에 살고, 별장이 세 군데 있고, 자동차는 열 대가 있고, 해마다 세계여행을 다니며, 캐비어를 먹고 최고급 샴페인을 마셔야 삶을 즐기는 거라고 생각한다면, 그것도 좋다. 하지만 수준을 상당히 높게 잡은 만큼 행복할 수 있는 수준에 이르기까지 상당한 시간이 필요하리라는 점 또한 각오해야 한다.

반면에 그런 장난감들이 없어도 행복할 수 있다면 훨씬 빠른 시일 내에 경제적인 목표를 달성할 수 있을 것이다.

순자산을 높이는 공식에는 4가지 요소가 모두 포함된다. 바퀴 네 개짜리 버스와 비슷하다고 볼 수 있다. 바퀴를 하나만 달고 운전하면 어떨 것 같은가? 속도는 느리고, 덜컹거리고, 운전하기 힘들고, 스파크가 일어나거나 한자리에서 빙빙 맴돌 것이다. 왠지 낯익은 상황 아닌가? 부자들은 네 바퀴를 모두 달고 '머니 게임'을 한다. 그래서 그들이 더 빨리, 부드럽게, 직선 코스로, 비교적 쉽게 달려가는 것이다.

그런데 내가 굳이 버스와 비교한 이유는 당신이 성공했을 때 다른 사람들도 같이 태워갈 수 있기 때문이다.

가난한 사람들은 바퀴 하나만 달고 '머니 게임'을 한다. 무조건 돈을 많이 벌면 부자가 될 수 있을 거라고 생각한다. 그 상태까지 도달할 수가 없으니 그저 사실이겠거니 믿을 뿐이다. 그들은 파킨 슨 원칙을 알지 못하고 있다. '지출은 수입만큼 증가한다.' 즉 많이 벌수록 많이 쓰게 된다.

이것이 우리 사회의 일반적인 현상이다. 차가 있던 사람이 더 많이 벌게 되면 더 좋은 차를 탄다. 집이 있던 사람은 더 큰 집을 산다. 옷을 좋아하던 사람은 더 좋은 옷을 산다. 휴가를 즐기던 사람은 휴가에 더 많은 돈을 들인다.

물론 예외가 있기는 하지만 극소수의 예외가 있을 뿐이다! 일반적으로는 소득이 오르면 거의 변함없이 지출도 따라 올라간다. 따라서 소득만으로는 당신이 바라는 부자가 될 수 없다.

항상 순자산을 추적하라

우리가 백만장자라는 말을 많이 쓰는데 이 백만장자가 소득을 말하는 것일까, 순자산을 말하는 것일까? 순자산이다. 백만장자가 되려면 순자산을 늘리는 데 집중해야 한다.

순자산을 잔돈 단위까지 알아두는 연습을 하라. 이 연습이 당신의 경제적인 삶을 영원히 바꿔줄 것이다.

깨끗한 종이 한 장을 꺼내놓고 '순자산'이라는 제목을 써라. 0에서 시작해 당신이 목표로 한 순자산 액수로 끝나는 도표를 그린 후에 오늘 시점의 현재 순자산을 적어라. 다음부터 90일 단위로 그 시점의 순자산을 적어라. 그러면 된다.

이런 식으로 당신은 점점 부자가 되어가는 모습을 확인할 수 있을 것이다. 그걸 어떻게 아냐고? 당신이 당신의 순자산을 추적하고 있을 테니까 말이다.

명심하라. 당신의 시선이 향하는 곳이 커지기 마련이다. 내가 자주 하는 말처럼 "관심을 쏟는 곳에 에너지가 흐르고, 결과가 나타난다." 순자산을 확인하다 보면 거기에 집중하게 되고 집중하는 곳이 커진다는 우주의 원칙에 따라 당신의 순자산은 늘어날 것이다. 이 원칙은 삶의 모든 분야에 적용된다. 당신이 추구하는 것이 많아지게 되어 있다.

재정 전문가에게 도움을 구하라

끝으로 능력 있는 금융 전문가들을 찾아 함께 상의하면서 순자산 증진계획을 세우라고 권하고 싶다. 금융 전문가들은 당신에게 도움을 줄 수 있다. 재정상태를 점검해 주는 한편, 돈을 불려나갈 수 있는 다양한 저축과 투자 방법을 소개해 줄 것이다.

유능한 전문가를 찾는 최선의 방법은 친구나 동료가 직접 겪어 보고 믿을 만하다고 추천해 주는 사람을 선택하는 것이다. 금융 전문가들이 하는 말이 전부 옳다는 건 아니다. 그 말을 무조건적으로 믿으라는 것도 아니다.

다만 조직적으로 금전 관리하는 방법을 알고 있는 전문가에게 많은 도움을 받을 수 있다. 유능한 전문가는 적절한 투자 방법과 소프트웨어, 지식을 알려주고 추천해 줄 수 있다. 단순한 보험이나 펀드를 고르는 것보다 여러 가지 투자 상품을 운용하는 전문가와 상담을 해보는 편이 낫다. 다양한 상품을 점검해 보고 나서 관심 가는 분야를 고를 수 있다.

· 선언 ·

가슴에 손을 얹고 말하자
"나는 순자산을 늘리는 데 집중하겠다!"

머리에 손을 대고 말하자
"나는 백만장자 마인드를 가졌다!"

진정한 부의 척도는
순자산이다

1   순자산의 4가지 요소, 소득, 저축, 투자, 간소화를 모두 고려하라.
    소득을 높이고, 저축을 늘리고, 투자를 늘리고, 생활방식의 간소화
    방안을 찾아라.

2   순자산을 계산하라고 정기적으로 추적하라.
    지금 소유하고 있는 자산의 현금 가치를 모두 합하고 거기서 부채
    를 빼라. 3개월에 한 번씩 순자산 기록용지를 수정하고 관찰하라.
    집중하는 곳이 커지는 법칙에 따라 당신이 추구하고 있는 순자산
    이 늘어날 것이다.

3   성공한 금융 전문가를 찾아라.
    실적과 평판이 좋은 회사에서 일하는 사람을 찾아라. 친구와 동료
    들에게 유능한 전문가를 소개해 달라고 하라.

적은 돈부터 관리하고 투자하는 습관을 들여라

부자는 돈 관리를 잘한다
가난한 사람은 돈 관리를 못한다

《이웃집 백만장자 *The Millionaire Next Door*》의 저자 토머스 스탠리 Thomas Stanley 는 미국과 캐나다의 백만장자들을 연구해서 그들의 특징과 부자가 된 방법을 발표했다. 그 결과를 한 문장으로 요약하면 이렇다. "부자는 돈 관리를 잘한다." 부자는 자신의 돈을 잘 관리하는 반면 가난한 사람은 돈 관리를 못한다.

부자가 가난한 사람들보다 똑똑한 것은 아니다. 다만 돈을 다루는 습관이 다르고 그 습관이 더 유익할 뿐이다. 1부에서 말한 것처럼 과거에 주입된 조건들이 이러한 습관을 결정한다. 따라서 돈을 제대로 관리하지 못하고 있다면 그 이유는 아마 돈을 관리하지 않는 쪽으로 프로그램이 짜여 있기 때문일 것이다. 두 번째 이유는 효과적이고 쉬운 돈 관리법을 모르기 때문일 것이다. 내가 다닌 학교에서는 돈 관리법을 가르쳐주지 않았다. 대신에 1, 2차 세계 대전에 대해 배웠다. 이 지식이 나한테 얼마나 쓸모 있는지는 말하지 않겠다.

요약하면 경제적인 성공과 실패를 가르는 가장 큰 차이는 돈을 얼마나 잘 관리하느냐에 있다. 간단하다. 돈을 지배하려면 돈을 관리해야 한다.

가난한 사람들은 돈 관리를 못하거나 돈에 관한 이야기 자체를 회피한다. 그들이 돈 관리에 신경 쓰지 않는 이유로 내세우는 것은 첫째, 돈을 관리하려고 동동거리다가 자유를 구속받게 된다는 것이고, 둘째로는 관리할 만큼의 돈이 없기 때문이라고 말한다.

우선 돈 관리는 당신의 자유를 구속하지 않는다. 반대로 더 자유롭게 한다. 돈을 관리하면 결국 돈 때문에 일하지 않아도 되는 경제적인 자유를 얻게 될 것이다. 그게 진정한 자유 아니겠나?

다음, 관리할 만큼의 돈이 없다고 이유를 대는 사람들은 망원경을 반대편에서 바라보고 있다. "돈이 충분해지면 관리를 시작하겠다."고 말해야 하는 것이 아니라 "돈을 관리하기 시작하면 돈이 충분해질 것이다."라고 말해야 하는 것이 현실적인 정답이다.

"돈이 생기면 그때부터 돈 관리를 시작하겠다."는 말은 뚱뚱한 사람이 "9킬로그램이 빠지면 그때부터 운동과 식이요법을 시작하겠다."고 말하는 것과 같다. 수레를 말 앞쪽에 묶어 놓으면 어떻게 되겠는가? 아무 데도 갈 수 없을 것이다. 아참, 뒤로 갈 수는 있겠다! 지금 갖고 있는 돈을 적절하게 관리해야 점점 더 관리할 수 있는 돈이 많아질 것이다.

내가 이 이야기를 하면 사람들이 옳다며 무릎을 친다. 다섯 살짜리 아이와 길을 걷고 있다고 생각해 보자. 아이스크림 가게가 보여서 안으로 들어갔다. 아이에게 아이스크림콘을 하나 사주었다. 밖으로 나오려는데 아이스크림이 아이의 손에서 흔들거리더니 갑자기 바닥으로 철퍼덕 떨어져버렸다. 우는 아이를 달래려고 다시 가게로 들어갔다. 주문을 하려는 순간, 아이가 3단 아이스크림이 그려져 있는 광고판을 보았다. 아이가 그 그림을 가리키며 흥분해서 외친다. "저거 먹을래!"

이제 질문을 해보자. 아이에게 3단 아이스크림콘을 사주겠는가? 당신이 너무나 친절하고 다정하고 관대한 사람이라서 처음에는 "당연하지!"라고 말할 수도 있겠지만 더 깊이 생각해 보면 "안된다."고 말할 것이다. 왜냐고? 아이가 또 아이스크림을 떨어뜨리고 울 게 뻔하기 때문이다. 1단짜리 아이스크림도 제대로 잡을 수 없는 아이가 3단 아이스크림을 감당할 수 있겠는가?

우주와 당신의 관계도 마찬가지다. 우리가 속해 있는 우주는 친절하고 다정하고 관대하다. 그리고 "당신이 지금 가진 것을 감당할 수 있는지 확인할 때까지는 더 주지 않겠다!"는 원칙을 갖고 있다. 큰돈을 굴리기 이전에 적은 금액의 돈부터 관리하는 습관과 기술을 터득해야 한다. 우리는 습관의 동물이다. 명심하라. 돈의 액수보다 돈을 관리하는 습관이 더 중요하다.

경제적 자유 통장을 만들라

그러면 어떻게 돈을 관리해야 할까? 아주 간단하고 효과적인 금전 관리법이 있다. 이 한 권의 책에서 아주 자세히 모든 것을 설명할 수는 없지만 당신이 쉽게 시작할 수 있는 2가지 기본적인 방법을 알려주겠다.

첫째, '경제적 자유 통장'을 따로 하나 만들어라. 1달러가 생길 때마다 10센트를 이 통장에 넣어라. 여기에 들어가는 돈은 오로지 비활동 소득을 만들거나 구입하거나 투자하는 데 사용해야 한다. 비활동 소득이라는 황금 알을 낳는 거위를 만드는 것이 이 통장의 목적이다. 이 돈을 언제 써야 하냐고? 절대 쓰지 말라! 쓰는 게 아니라 투자해야 하는 돈이다. 나중에 일을 하지 않게 되었을 때 그 기금(황금 알)에서 나오는 소득은 쓰게 되겠지만 원금 자체를 쓰는 것은 아니다. 이런 식으로 계속 불어나면 절대 빈털터리가 될 리 없다.

이 기법을 배운 엠마가 최근에 자기 경험을 말해주었다. 2년 전에 엠마는 개인파산 신청을 해야 할 상황이었다. 원치 않는 일이었지만 달리 방법이 없는 것 같았다. 도저히 갚을 능력이 안 되는 빚을 지고 있었기 때문이다. 그 즈음에 세미나에 참석하게 되었고 돈 관리 체계를 배웠다. 엠마는 이렇게 말했다. "바로 그거였어요. 궁지에서 벗어날 수 있는 방법이 그거였어요!"

몇 개의 통장에 돈을 나눠 넣으라는 말을 들었을 때 엠마는 속으로 생각했다. "좋은 방법이야. 하지만 난 나눠넣을 돈이 한 푼도 없어!" 하지만 그대로 포기하고 싶지 않아서 한 달에 1달러를 여러 통장에 나눠넣기로 했다. 그렇다. 한 달에 겨우 1달러를 말이다.

우리가 가르쳐준 시스템에 따라 그 1달러 중에서 10센트를 '경제적 자유 통장'에 넣었다. '한 달에 10센트 저금해서 무슨 경제적인 자유를 누리겠나?' 하는 생각이 들었다. 그래서 매달 저금하는 돈을 2배로 올리기 위해 전력을 다했다. 두 번째 달에는 2달러를 나눠넣었고, 세 번째 달에는 4달러, 그 후에 8달러, 16달러, 32달러, 64달러, 그렇게 이어져서 1년째 되는 달에는 2,048달러를 나눠넣게 되었다.

그로부터 2년 뒤, 그녀는 노력한 결과를 거둬들이기 시작했다. 경제적인 자유 통장에 1만 달러를 넣을 수 있었다. 돈 관리 습관이 개선된 덕에 1만 달러의 보너스를 받았을 때쯤 재정상태가 탄탄해져 있었고 그 돈을 달리 쓸 곳이 없어졌다!

엠마는 지금 빚을 다 청산하고 경제적 자유로 가는 길을 걸어가고 있다. 한 달에 단 1달러였지만 배운 대로 실천했기에 가능한 일이었다.

지금 재산이 꽤 있거나 주머니가 비어 있거나, 그런 것은 중요하지 않다. 중요한 것은 가진 돈을 관리하기 시작하는 일이다. 머지않아 관리할 돈이 많아지는 현실을 목격하게 될 것이다.

"먹고살 돈도 빌려 쓰는 형편에 어떻게 돈을 관리한단 말이오?"라고 물어온 사람에게 나는 이렇게 대답했다. "1달러를 빌리면 그 1달러를 관리하라."

이 말을 생각해 보라. 어떤 전문가들의 의견과는 맞지 않을지 모르지만 한 달에 단 몇 달러를 벌거나 빌리더라도 그 돈을 관리하는 법은 배워야 한다. 왜냐하면 여기에는 물리적인 세계의 원칙보다 더 많은 것들이 작용하기 때문이다. 즉 정신적인 원칙도 같이 따라서 움직인다. 돈을 제대로 다루기 시작하면 금전적인 기적이 일어난다.

은행에 경제적 자유 통장을 개설하는 동시에 집에는 저금통을 만들어 매일 거기에 돈을 넣자. 10달러도 좋고 5달러, 1달러, 1센트 동전 하나도 좋다. 주머니에 딸랑거리는 잔돈을 넣어도 된다. 액수는 중요하지 않다. 습관이 중요하다. 경제적으로 자유로워지겠다는 목표하에 매일매일 의지를 다지는 셈이다. 비슷한 것끼리 모이는 습성에 따라 그 돈이 더 많은 돈을 끌어들일 것이다. 이 저금통 하나가 당신에게 돈 붙는 자석이 될 수 있다. 당신의 삶에 경제적 자유를 부여해 줄 기회와 더 많은 돈을 끌어당기는 자석이.

5개의 통장을 만들고 관리하라

"소득의 10퍼센트를 저축하여 장기적으로 투자하라."는 말은 아마 다른 데서 들어봤겠지만 '노는 데 쓰기 위한 통장'을 또 하나 만들어야 한다는 말은 아마 처음 들을 것이다.

돈을 잘 관리할 수 있는 비결은 균형과 조화에 있다.

한쪽으로는 더 많이 벌기 위한 투자 자금용으로 최대한 저축해야 한다. 다른 한쪽으로는 '놀이 통장'에 소득의 또 다른 10퍼센트를 넣어야 한다. 왜냐고? 우리가 원래 하나에만 만족할 수 없는 인간이라서 그렇다.

삶의 어느 부분이 달라지면 다른 부분에도 당연히 영향을 끼치게 된다. 어느 한쪽에 무게가 실리면 다른 곳에서 반항을 한다. 내리 저축만 계속할 때 논리적이고 책임감 있는 자아는 흡족해 하겠지만 다른 한쪽에서는 그렇지 않다.

결국 놀고 싶어 하는 마음이 "이제 참을 만큼 참았어. 나한테도 관심을 달란 말이야!"라고 외치며 당신의 노력을 방해할 것이다.

반면에 돈을 쓰고 또 쓰기만 하면 절대 부자가 되지 못하는 건

물론이고 책임감을 중시하는 자아가 들고 일어나 돈을 써도 즐거워지지 않는 지경으로 몰고 갈 것이다. 나이가 들수록 죄책감과 후회가 커진다. 나이 육십에도 돈 때문에 쩔쩔 매는 신세가 처량하게 느껴진다. 죄책감에 빠져 있다가 그 감정이 무의식적인 과소비로 표출되고 순간적으로 기분이 좋아질 수는 있지만 다시 금세 죄스럽고 수치스러워진다. 빈곤의 악순환이 일어날 뿐이다. 건전한 돈 관리방법을 배우는 것은 이런 악순환을 예방하는 길이다.

놀이 통장에 들어가는 돈은 당신에게 양분을 공급하기 위한 돈이다. 그 돈으로 평소에 하지 못한 일들을 하라.

레스토랑에 가서 고급 와인이나 샴페인을 한 병 주문하거나, 보트를 하루 빌리거나, 호텔에서 신나게 하루를 즐기거나, 어떤 방식으로든 자신에게 특별한 즐거움을 선사할 수 있다.

이 통장에는 한 가지 원칙이 있는데, 그 돈을 다달이 다 써야 한다는 것이다. 그렇다! 부자처럼 느낄 수 있게 그 통장의 돈을 다 써버려라. 극단적인 예로 마사지 센터에 가서 카운터에 놀이 통장의 돈을 몽땅 쏟아부으며 이렇게 말하는 장면을 상상해 보라. "최고급 마사지를 해줘요. 전신 마사지도. 점심 식사도 부탁해요!"

그야말로 호사스럽게 말이다. 결심한 대로 꾸준히 저축해 나가려면 그 노력에 보상을 해주어야 한다. 놀이 통장의 돈으로 노고를 치하해 주라는 이야기다. 돈 관리가 즐거워질 뿐 아니라 잘 받는 연습을 하는 기회도 될 테니 일석이조의 효과다.

각기 다른 목적으로 총 5개의 통장을 만들어 돈을 나눠넣어라. 놀이 통장 이외의 통장은 이런 것들이다.

- 장기적 소비 통장에 10퍼센트

  (앞으로 목돈이 들어갈 일을 위해 불입하는 장기저축 통장이다.)

- 교육 통장에 10퍼센트

- 생활비 통장에 50퍼센트

- 나눔 통장에 10퍼센트

가난한 사람들은 오로지 소득만을 생각한다. 부자가 되려면 큰 돈을 벌어야 한다고 믿는다. 다시 말하지만 이건 잘못된 고정관념이다!

여기서 배운 프로그램대로 돈을 관리하면 비교적 적은 소득으로 경제적인 자유를 누릴 수 있다. 돈 관리를 못하는 사람들은 아무리 돈을 잘 벌어도 경제적으로 자유로워지지 못한다. 그래서 고소득 전문가들인 의사, 변호사, 운동선수, 회계사 등이 파산하는 사태가 발생하는 것이다. 들어오는 돈만큼 관리법도 중요하기 때문이다.

세미나에 참석했던 존은 돈 관리 시스템에 대한 이야기를 처음 들었을 때 별 관심이 없었다고 한다. "지겨워! 왜 이런 내용에 시간을 낭비하는 거지?" 그런데 세미나가 진행되는 동안 자신도 언젠가, 되도록 빠른 시일에 경제적으로 자유로워지려면 부자들과 똑같이 돈을 관리해야 한다는 사실을 깨닫게 되었다.

그는 한번도 해본 적이 없는 돈 관리를 하기 위해서 새로운 습관을 익혀야 했다. 자신이 트라이애슬론triathlon을 연습할 때가 생각났다. 수영과 사이클은 잘할 자신이 있었지만 마라톤이 문제였다. 훈련을 할 때마다 발과 무릎과 등이 아팠고 훈련이 끝나면 몸이 뻣뻣하게 굳어버렸다. 빨리 달리지 않았는데도 숨이 차고 폐가 터질 것 같았다! 달리는 게 끔찍할 정도였다.

하지만 훌륭한 트라이애슬론 선수가 되려면 마라톤 연습을 해야 했고 달리기를 꼭 필요한 훈련으로 받아들여야 했다. 그래서 달리기를 피하려 했던 과거의 자세를 벗어던지고 매일 달리기 시작했다. 몇 달이 지나자 달리기가 점점 좋아지더니 그 시간이 기다려지기까지 했다.

돈 관리법을 연습할 때도 이런 현상이 벌어졌다. 처음에는 지겹도록 싫던 그 일이 점점 좋아지기 시작하더니 이제는 돈이 들어올 때마다 통장에 넣는 시간이 기다려졌다! 0에서 30만 달러로 하루가 다르게 불어나는 순자산을 확인하는 기분도 덤으로 갖게 되는 행복의 일종이다.

간단히 말해 당신이 돈을 지배하지 않으면 돈이 당신을 지배할 것이다. 돈을 지배하려면 관리해야 한다.

세미나를 마치고 돌아간 사람으로부터, 돈을 관리하기 시작하면서 돈과 성공과 자신에 대해 자신감이 커졌다는 말을 들으면 정말 기쁘다. 이 자신감이 인생의 다른 분야로 옮겨가 그들의 행복과 인간관계와 건강까지 향상시키니 얼마나 감사한 일인가.

돈은 우리 삶의 커다란 부분이다. 그것을 손에 넣을 때 삶의 다른 분야도 개선될 수 있다.

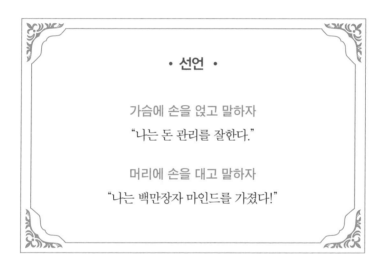

· 선언 ·

가슴에 손을 얹고 말하자
"나는 돈 관리를 잘한다."

머리에 손을 대고 말하자
"나는 백만장자 마인드를 가졌다!"

적은 돈부터 관리하고
투자하는 습관을 들여라

1   '경제적 자유 통장'을 개설하라.

    소득의 10퍼센트를 이 통장에 넣어라.

    이 돈은 소비할 돈이 아니라, 비활동 소득을 위해 투자해야 하는
    돈이다.

2   집에 '경제적 자유 저금통'을 만들어 매일 돈을 넣어라.

    10달러도 좋고 5달러, 1달러, 1센트 동전 하나도 좋다. 주머니에 있
    는 잔돈도 좋다.

    이것은 경제적인 자유에 관심을 기울이는 훈련이 된다. 관심을 기
    울이는 곳에 결과가 나타날 것이다.

3   목적에 따라 5개의 통장을 만들어 소득을 관리하라.

    먼저 놀이 통장을 개설하거나 집에 놀이 저금통을 만들어 소득의
    10퍼센트를 저축하라.

    그 외에 4개의 통장을 더 만들어 각각 다음의 비율로 저금하라.

        놀이 통장에   10퍼센트

        장기적 소비 통장에   10퍼센트

교육 통장에	10퍼센트
생활비 통장에	50퍼센트
나눔 통장에	10퍼센트

4 수중에 돈이 얼마 있는지와 상관없이 당장 돈 관리를 시작하라.
내일로 미루지 말라.
1달러밖에 없더라도 그 돈을 관리하라.
10센트를 경제적 자유 저금통에 넣고, 다른 10센트를 놀이 저금통에 넣어라.
이 행동만으로도 당신이 더 많은 돈을 받을 준비가 되었다는 메시지를 우주에 보낼 수 있다.

백만장자 마인드 15

돈이 나를 위해
일하게 하라

부자는 돈이 자신을 위해 일하도록 한다
가난한 사람은 돈을 위해 일한다

많은 사람들의 머릿속에 '돈을 벌려면 열심히 일해야 한다.'는 프로그램이 입력되어 있는 반면, 돈이 '나를 위해 일하게' 하는 중요성은 입력되지 않은 것 같다.

물론 열심히 일하는 것은 중요하다. 하지만 열심히 일하는 것만으로는 부자가 되지 못한다. 세상을 둘러보라. 낮에 열심히 일하고 심지어 밤까지 일하는 사람들이 수백만, 아니 수십억 명이다. 그들이 다 부자인가? 아니다! 그중에 대부분이 부자인가? 아니다! 그중 많은 사람이 부자인가? 아니다! 반면에 컨트리클럽에 골프를 치러 가고, 테니스를 치고, 항해를 하며 즐기는 사람들은 누구인가? 쇼핑을 다니거나 몇 주일씩 여행을 다녀오는 사람은 누구인가? 부자들이다! 중산층도 저소득층도 아닌 부자들이다. 솔직히 열심히 일해야 부자가 될 수 있다는 말은 거짓이다!

예전에 개신교도들은 '일한 만큼 번다.'는 근면한 노동관을 강조했다. 이 말이 틀리다는 건 아니지만 그렇게 번 돈을 어떻게 사용해야 하는지 가르쳐주지 않은 데 문제가 있다. 번 돈을 사용하는 방법, 이것이 열심히 일하는 수준에서 똑똑하게 일하는 수준으로 옮겨갈 수 있는 분기점이다.

부자들은 똑똑하게 일하기 때문에 휴식하며 즐길 수 있다. 효과적인 방법을 알아내고 이용한다. 그들 대신에 일할 사람을 고용하고 그들 대신에 일할 돈을 끌어들인다.

돈을 벌기 위해 열심히 일해야 한다는 건, 부자들에게는 일시적인 과정이고 가난한 사람들에게는 평생 이어지는 상황이다. 부자들의 생각은 이렇다. "돈이 나 대신 열심히 일하기 전까지는 내가 열심히 일해야 한다. 돈이 열심히 일하기 시작하면 그때부터는 일을 덜 해도 된다."

명심하라. 돈은 에너지다. 경제적으로 성공한 사람들은 자신이 투자한 노동 에너지를 다른 에너지로 바꿔나간다. 다른 사람이 일하도록 하고, 비즈니스 시스템이 작동하도록 하고, 투자 자본이 움직이도록 한다. 처음에는 돈을 위해 열심히 일하지만 그 후에는 돈이 자신을 위해 일하도록 한다.

머니 게임에서 승리하려면 몇 가지 단서들이 필요하다. 목표가 무엇인가? 언제 게임에서 승리할 생각인가? 하루 세끼 먹는 정도로 족한가? 1년에 10만 달러의 소득이면 족한가? 백만장자가 되겠는가, 억만장자가 되겠는가? 당신은 어느 곳을 향해 달리겠는가?

우리가 가르치는 머니 게임의 목표는 당신이 일하려고 마음먹지 않는 한, 다시 일하지 않아도 되는 상태에 이르는 것이다. 필요에 의해서가 아니라 자기 선택에 의해 일할 뿐이다.

바꿔 말하면 최대한 빠른 시일 내에 경제적으로 자유로워지는 것이 목표다. 경제적인 자유가 무엇인가? 일을 하지 않거나 다른 사람에게 경제적으로 의지하지 않고 자신이 원하는 생활을 해나갈 수 있는 능력이 생기는 것이다.

당신이 원하는 생활을 하려면 돈이 필요하다. 따라서 자유로워지려면 일하지 않고도 돈을 벌 수 있어야 한다. 일하지 않고 벌어들이는 소득은 비활동 소득이다. 머니 게임에서 승리하기 위해서는 당신이 원하는 생활에 돈을 대줄 수 있는, 이런 소득 획득을 목표로 잡아야 한다. 비활동 소득이 지출보다 많으면 경제적으로 자유로워지는 게 당연하지 않겠는가.

자본 소득으로 올라타는 돌파구를 열어라

비활동 소득이 나올 수 있는 돌파구는 대체로 2가지다.

첫째는 '나를 위해 일하는 돈'이다. 주식, 채권, 국채, 금융시장, 뮤추얼펀드처럼 현금 가치로 인정받을 수 있고 현금화가 가능한 것이다. 즉 다른 자산에 투자해서 나오는 소득이 여기에 포함된다.

둘째는 '나를 위해 일하는 사업'이다. 당신이 직접 관여할 필요가 없는 사업에서 지속적으로 소득을 벌어들이는 것이다. 부동산 임대, 서적·음반·소프트웨어 등의 저작권료, 특화된 아이디어, 프랜차이즈 사업, 창고 소유, 자판기 소유, 네트워크 마케팅 등이 그 예이다. 당신 없이도 굴러가는 시스템이 있는, 하늘 아래의 모든 사업이 여기에 속한다. 당신 대신에 사업이 가치를 창출하고 일하게 하는 개념이다.

일례로 네트워크 마케팅 사업을 생각해 보라. 처음부터 큰 자본을 들이지 않아도 되고, 초기 작업이 정착되고 나면 해마다 지속적인 잔여 소득(일하지 않고 소득을 버는 또 하나의 형태)을 누릴 수 있다. 규칙적인 회사생활로 그만한 효과를 거둘 수 있을까?

비활동 소득 구조를 만드는 일은 대단히 중요하다. 비활동 소득이 없으면 자유로워질 수 없다. 이런 중요성에도 불구하고 많은 사람들이 비활동 소득 만들기에 뛰어들지 못하는 이유는 아래의 3가지다.

첫째, 어른들로부터 주입된 조건 탓이다. 사실상 대부분의 사람들은 비활동 소득으로 돈을 벌면 안 된다고 프로그래밍되어 있다. 부모님에게 돈을 달라고 했을 때 부모님이 뭐라고 말씀했던가? "나가서 비활동 소득을 벌어오라."고 했을까? 그럴 리가 있나! "나가서 일해. 일해서 돈을 벌어라."와 비슷한 말을 했을 것이다. 돈을 벌기 위해 '일'을 해야 한다고 배웠기 때문에 비활동 소득은 비정상적인 것이 되어버렸다.

둘째, 비활동 소득을 어떻게 벌어야 하는지 배우지 못했다. 나는 비활동 소득에 대해서도(돈 관리법을 배우지 못한 것처럼) 학교에서 배운 바 없다. 그 결과 사람들은 비활동 소득이 뭔지 모르고 소득의 방법으로 택하지도 않는다.

마지막으로 비활동 소득과 투자에 대해 배운 바도 없고 들어본 적도 없기 때문에 사람들은 거기에 관심을 갖지 않는다. 근로소득을 얻을 수 있는 직업이나 사업만이 주된 관심사다.

내가 항상 강조하는 말은 비활동 소득이 비교적 쉽고 자연스럽게 들어올 수 있는 방향으로 사업이나 직업을 선택하거나 바꾸라는 것이다.

요즘에는 이것이 특히 더 중요하다. 많은 사람들이 돈을 벌기 위해 자신이 직접 나서야 하는 서비스업에 종사하고 있기 때문이다. 서비스업이 나쁜 건 아니다. 다만 하루빨리 투자에 발을 들여 혁혁한 성과를 내지 못한다면 영원히 일에 발목을 잡히게 될 것이다.

비활동 소득이 나올 수 있는 사업을 선택하면 당신은 2가지를 다 가질 수 있다. 지금은 근로소득, 나중에는 비활동 소득을 말이다. 앞에서 이야기한 비활동 소득에 포함되는 사업들을 다시 잘 살펴보라.

근로소득으로 돈을 벌고 비활동 소득에는 반감이 있는 사람들이 아직 대부분이다. 부자는 장기적으로 생각한다. 오늘의 즐거움과 내일의 자유를 위해 투자의 균형을 맞춘다. 가난한 사람들은 단기적으로 생각한다. 즉각적인 만족을 추구하며 산다. "오늘도 근근이 살아갈 판에 내일까지 생각할 겨를이 없다."는 게 그들의 평계다. 그런데 결국 내일은, 오늘이 된다. 오늘의 문제를 제대로 해결하지 못하면 내일 역시 똑같은 말을 하게 될 것이다.

재산을 늘리려면 더 많이 벌든지 덜 쓰며 살아야 한다. 당신의 머리에 권총을 들이대고 어떤 집에서 살아야 하고, 어떤 차를 몰아야 하고, 어떤 옷을 입어야 하고, 어떤 음식을 먹어야 한다고 명령하는 사람이 있던가? 그 선택의 힘은 당신에게 있다. 무엇을 중요하게 여기느냐가 문제다.

가난한 사람들은 '지금'을 선택하고 부자는 '균형'을 선택한다. 나는 이 부분에서 나의 장인, 장모님이 생각난다.

나의 장인, 장모님은 25년 동안 잡화점을 운영했다. 세븐일레븐7-Eleven 같은 잡화점이었지만 규모는 훨씬 작고 보잘것없었다.

담배, 막대사탕, 아이스크림, 껌, 청량음료, 주로 이런 것들을 팔았고, 복권은 팔지 않았다. 평균 판매액수는 1달러 이하, 즉 푼돈이나 버는 수준이었다. 하지만 그분들은 푼돈을 거의 다 저축했다. 외식하지 않고, 예쁜 옷을 사지 않고, 신형 자동차를 몰지도 않았다. 마음 편하게 검소하게 살았다. 결국에는 주택 융자금을 다 갚고 그 가게가 있는 건물의 반을 사들였다. 장인어른은 59세 때 '푼돈'을 저금하고 투자한 돈으로 은퇴할 수 있었다.

미안한 말이지만 즉각적인 만족을 위해 물건을 사들이는 행동은 삶에서 느끼는 불만족을 해소하려는 시도일 뿐이고 그런 시도는 거의 언제나 효과가 없다. 자신이 갖고 있는 감정을 소진하려고 자신이 갖고 있지 않은 돈을 소비하는 것이다.

쇼핑으로 감정을 치유하려는 발상인데 사실상 사들이는 물건과는 아무 상관이 없다. 당장의 만족을 얻으려고 과소비하는 진짜 이유는 당신의 삶이 만족스럽지 못하기 때문이다. 물론 응어리진 감정을 풀려고 과소비하는 게 아니라면 경제 청사진이 잘못되어 있기 때문일 것이다.

세미나에 왔던 나탈리는 부모님이 지독한 구두쇠였다! 그들은 무엇이든 쿠폰을 이용했다. 어머니는 각 분야별로 정리된 쿠폰을 상자 가득 모아두었고 아버지는 15년 넘은 자동차를 타고 다녔다. 엄마가 그녀를 데리러 학교에 올 때마다 다른 아이들이 그 차를 보게 될까봐 끔찍했다. 아무도 보는 사람이 없게 해달라고 기도했다.

여행을 갈 때 비행기는 꿈도 꿀 수 없는 일이었고 열흘이나 걸리는 거리를 내내 차를 몰고 가야 했다. 모텔이나 호텔도 물론 꿈꿀 수 없었다. 여행하는 내내 텐트를 치고 잤다. 매년 그런 식이었다!

그분들에게는 모든 게 '너무 비쌌다.' 부모님이 그렇게 아끼고 아끼는 모습을 보면서 나탈리는 처음에 자신의 집이 아주 가난한 줄 알았다. 그런데 알고 보니 아버지가 1년에 버는 돈은 7만 5,000달러로 당시로는 꽤 많은 돈이었다. 그녀의 상식으로는 도저히 이해가 되지 않았다.

구두쇠 부모님에게 질릴 대로 질려버린 그녀는 정반대로 치달았다. 뭐든지 최고급품을 샀다. 직장을 잡고 독립하자마자 눈 깜짝할 사이에 버는 돈을 다 써버렸고 얼마 지나지 않아 버는 돈보다 더 많이 쓰고 있었다. 신용카드를 몇 장이나 가지고 다니며 긁어 대다가 종단에는 더 이상 갚을 수 없는 지경에까지 이르렀다! 바로 그때쯤 세미나에 오게 되었는데 그녀는 구세주를 만난 기분이었다고 했다.

나탈리는 자신이 왜 그 돈을 다 써버렸는지 알게 되었다. 싸구려만 좋아하던 부모님에게 복수하고 싶었다. 자신은 싸구려가 아니라는 걸 자신에게 그리고 세상에 증명하고 싶었다.

그러나 청사진이 바뀐 이후로 나탈리는 어리석게 돈을 쓰려는 충동에 말려들지 않는다. 하루는 쇼핑몰에 갔다가 생긴 일을 말해주기도 했다. 그녀는 자신이 좋아하는 명품점을 지나다가 멋진 연갈색 가죽 모피 코트가 진열되어 있는 것을 보았다. 그 즉시 마음 속 목소리가 이렇게 말했다.

'저걸 입으면 근사해 보일 거야. 내 금발머리에 아주 잘 어울리셨어. 사야 돼. 우아하고 드레시한 겨울 코트가 없잖아.'

가게에 들어가서 입어보았는데 가격표에 800달러가 적혀 있는 것을 보았다. 이 정도 거금을 주고 코트를 사본 적은 없었다. 마음 속의 목소리가 또 말했다.

'어때, 이걸 입으면 다들 넋 놓고 쳐다볼 거야! 사. 돈은 나중에 갚으면 돼.'

이 시점에서 그녀는 세미나에서 배운 효과를 톡톡히 누렸다. 코트를 사라는 목소리와 함께, 또 다른 목소리가 들렸던 것이다.

'그 800달러를 경제적 자유 통장에 넣는 게 나아! 이 코트가 왜 필요하니? 지금 입을 코트는 있잖아.'

그녀는 평소처럼 당장 사는 대신에 하루 더 생각하기로 했고 결국 코트를 사러 가지 않았다.

그녀의 머릿속에 있는 '물질적 만족' 파일은 '경제적 자유' 파일로 바뀌었다. 이제는 소비하는 쪽으로 프로그래밍되어 있지 않았다. 놀이 통장에 따로 넣어둔 돈으로 근사하게 즐기는 기쁨을 알게 되었다.

나탈리의 부모님도 딸의 권유를 받고 세미나에 참석했다. 그분들의 삶도 균형을 찾아야 할 필요가 있었다. 나중에 나탈리가 흥분하며 알려주었는데, 부모님이 여행을 갔을 때, 모텔에(아직 호텔은 아니다) 숙박했다는 것이었다. 자동차도 새로 샀다. 또한 일에서도 손을 떼고 돈이 자신을 위해 일하는 방법을 배워나가는 중이라고 했다.

나탈리는 이제 백만장자가 되려고 한다. 그러기 위해 부모님처럼 구두쇠로 살 필요가 없다는 것을 안다. 전처럼 되는 대로 돈을 썼다가는 결코 경제적 자유를 얻을 수 없다는 것도 안다. "내 생각을 조절할 수 있다는 게 무엇보다 기분 좋아요."

장기적인 관점으로 투자하라

요점은 이렇다. 당신이 돈을 벌기 위해 노력한 만큼 돈도 당신을 위해 일하게 해야 한다. 돈 쓰는 것을 인생의 사명처럼 여기는 대신에 저축하고 투자해야 한다는 말이다. 돈 많은 부자들은 적게 쓰는데 돈 없는 사람들이 많이 쓴다면 이상한 일 아닌가.

장기적인 사고와 단기적인 사고의 차이다.

가난한 사람들은 오늘 살아갈 돈을 벌려고 일한다. 부자는 미래를 준비하는 종자돈을 벌려고 일한다. 부자들은 가치가 올라갈 것 같은 자산을 사들인다. 가난한 사람들은 가치가 떨어질 게 분명한 물건을 사들인다. 부자는 땅을 모으고 가난한 사람은 청구서를 모은다.

내가 내 자식들에게 하는 충고를 알려주겠다. "부동산을 사라." 수익이 날 수 있는 부동산을 사는 게 최선이지만 어떤 부동산이든 없는 것보다는 낫다. 부동산 가격이 오르락내리락하긴 해도 결국에는 5년, 10년, 20년, 30년이 지나면 지금보다 가치가 높아져 있을 테고 그것만으로 부자가 될 수도 있다.

지금 당신의 여력이 되는 수준에서 사라. 자본이 많이 필요하다면 당신이 잘 아는 믿을 수 있는 사람과 같이 투자해도 된다.

부동산 투자로 실패하는 경우는 자기 능력보다 과하게 투자했다가 손해를 보고 팔 때다. 내가 앞에서 설명한 충고를 잘 듣고 돈 관리도 잘하고 있다면 이런 사태가 벌어질 가능성은 아예 없거나 아주 적을 것이다.

"부동산을 사려고 기다리지 말라. 부동산을 사고 나서 기다려라."

나의 부모님은 가난하다고 할 정도는 아니고 겨우 중산층에 낄 만한 정도였다. 아버지는 열심히 일했고 어머니는 집에서 자식들을 보살폈다.

아버지는 건축업자들과 계약을 맺고 일하는 목수였는데 건축업자들을 보니 몇 년 전에 사두었던 땅을 개발해서 큰돈을 벌고 있었다. 그들 대부분이 상당한 부자였다. 그래서 아버지도 푼푼이 모아, 결국 시내에서 20마일 떨어진 곳에 3에이커 정도의 땅을 구입했다. 당시 가격이 6만 달러였다. 10년 후에 그 지역에 쇼핑몰을 세우려는 개발업자가 나타나서 60만 달러를 받고 팔았다. 그 투자로 1년 평균 5만 4,000달러의 소득을 벌어들인 셈이었다. 아버지가 일해서 버는 돈은 1년에 1만 5,000에서 많아야 2만 달러였는데 말이다.

물론 부모님은 지금 일손을 놓고 편안하게 살고 계신다. 하지만 그 땅을 사고팔지 않았다면 이만큼 살지 못할 것이다. 아버지가 투자의 힘을 알아차리고 다른 무엇보다 부동산에 투자했다는 점이 감사할 따름이다. 내가 왜 땅을 모으는지 이제 알겠는가?

돈이란, 가난한 사람들에게는 지금 원하는 무엇과 교환할 수 있는 수단이지만 부자에게는 각 1달러가 씨앗이다. 100달러를 더 벌기 위해 심었다가 나중에 1,000달러로 불어날 수 있는 곳에 옮겨 심을 수 있는 씨앗이다.

생각해 보라. 오늘 쓰는 1달러가 사실은 내일 벌 수 있는 100달러를 없애는 일일지 모른다. 나는 내 돈을 투자 군단으로 생각한다. 그 군단의 사명은 '자유'다. 나의 자유를 위한 투사들을 함부로 다루겠는가? 절대 그렇지 않다. 금방 쉽게 써버리지도 않는다.

아는 것이 힘이다. 투자에 대해 배워라. 다양한 투자 수단과 경제적인 도구를 익혀라. 부동산, 모기지, 주식, 펀드, 채권, 환시세 등 전반적으로 배워라.

그다음에 한 분야의 전문가가 되어라. 그 분야에 먼저 투자를 하고 나중에 다양한 분야로 넓혀나가라.

요약하면, 가난한 사람은 힘들게 일하고 번 돈을 모두 쓴다. 그 결과 평생 힘들게 일해야 한다. 부자들은 열심히 일하고, 저축하고, 투자한다. 그래서 결국 일할 필요가 없어진다.

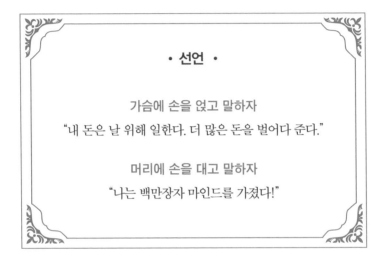

· 선언 ·

가슴에 손을 얹고 말하자
"내 돈은 날 위해 일한다. 더 많은 돈을 벌어다 준다."

머리에 손을 대고 말하자
"나는 백만장자 마인드를 가졌다!"

돈이 나를 위해
일하게 하라

1 배워야 한다.
투자 강연회에 다니고 한 달에 적어도 한 권씩 투자 관련 책을 읽어라. 경제 신문과 경제 잡지를 탐독하라.
그들이 말하는 대로 따라하라는 게 아니라 돈의 흐름과 기회를 알아보라는 것이다.
한 분야의 전문가가 될 만큼 연구한 다음에 그 분야에 투자를 시작하라.

2 활동적인 소득에서 비활동 소득으로 초점을 바꿔라.
투자나 사업적 측면에서 일하지 않고 벌어들일 수 있는 전략 3가지를 구체적으로 작성하라. 다시 조사해 보고 이 전략에 따라 행동하라.

3 부동산을 사려고 기다리지 말라. 부동산을 사고 나서 기다려라.

두려움에도 불구하고
행동을 시작하라

부자는 두려워도 행동한다
가난한 사람은 두려워서 행동하지 않는다

앞에서 우리가 명시 과정으로 배운 공식을 다시 검토해 보자. 생각이 감정을 낳고, 감정이 행동을 낳고, 행동이 결과를 낳는다.

수백만 명이 부자가 되겠다는 목표를 위해 확언과 시각화와 명상 기법을 사용한다. 나도 거의 매일 명상한다. 하지만 앉아서 내 머리로 돈다발이 뚝 떨어지기를 기다리는 것은 아니다. 나는 성공을 위해 실제로 무언가를 하지 않고는 못 배기는 그런 사람들 중의 하나인 것 같다.

확언, 명상, 시각화는 모두 훌륭한 도구다. 하지만 그 자체로는 당신에게 실질적인 돈을 가져다주지 못한다. 진짜 성공하려면 실제로 행동을 취해야 한다. 행동이 왜 그렇게 중요하냐고?

명시 과정으로 돌아가 생각과 감정을 살펴보라. 이 2가지가 내면세계의 것인가, 외부세계의 것인가? 내면의 것이다. 이제 결과를 살펴보자. 내면의 것인가, 외부의 것인가? 외부의 것이다.

다시 말해서 내면과 외부세계를 잇는 다리가 바로 행동이다. 행동이 그렇게 중요한 것이라면 우리가 행동해야 한다는 것을 알면서도 실제로 행동하지 못하는 이유는 무얼까?

두려움 때문이다!

두려움, 의심, 걱정이 가장 큰 장애물이다. 성공과 행복으로 가는 길에도 걸림돌이 된다. 부자와 가난한 사람의 차이는 부자가 두려움에도 불구하고 행동을 시작하는 반면 가난한 사람은 두려움 때문에 행동하지 못하는 데 있다.

수잔 제퍼스Susan Jeffers는 《자신감 수업 Feel the Fear and Do It Anyway》에서 많은 사람들이 저지르는 실수를 지적한다. 그들은 두려움이 진정되거나 사라질 때까지 기다렸다가 그 후에 행동하려 한다는 것이다. 이런 사람들은 흔히 끝내 기다릴 수밖에 없다.

나는 세미나에서 "진정한 전사라면 두려움이라는 코브라를 길들여야 한다."고 가르친다. 코브라를 죽이라고 말하지 않는다. 코브라를 없애라는 말이 아니다. 물론 코브라를 피해 도망치라는 것

도 아니다. 코브라를 '길들여라.'

성공하기 위해 두려움을 없애려 하지 말라. 그럴 필요 없다. 성공한 부자들도 두려움을 느낀다. 그들에게도 의심이 고개를 쳐들고 불안감이 생긴다. 단지 이런 감정에 방해받지 않을 뿐이다.

성공하지 못한 사람들은 두려움과 의심과 불안을 느끼다가 그런 감정에 가로막힌다. 우리는 습관의 동물이기 때문에 행동하는 훈련이 필요하다. 두려워도, 의심스러워도, 걱정이 되더라도, 불안해도, 불편하더라도, 내키지 않더라도 행동하는 훈련이 필요하다.

시애틀에서 저녁 세미나를 할 때다. 세미나가 끝나갈 무렵 사람들에게 밴쿠버에서 열리는 3일 일정의 훈련 강좌를 소개했다. 어느 한 사람이 일어서더니 말했다.

"내가 아는 사람 10명이 그 강좌를 들었는데 아주 만족스러워했어요. 전보다 10배는 더 행복해졌고 경제적인 성공을 향해 달리고 있죠. 모두들 자기 인생이 바뀌었다고 말해요. 시애틀에서 하면 저도 꼭 참석할 텐데 아쉽습니다."

나는 우선 감사를 표하고 나서 그에게 배울 자세가 되어 있느냐고 물었다. 그렇다는 대답을 듣고 내가 말했다. "한마디만 하겠습니다."

그가 물었다. "그게 뭐죠?"

"지금 파산 상태시군요!"

그 후에 내가 그의 현재 재정상태를 물어보자 그는 부끄러워하며 중얼거렸다. "별로 안 좋아요." 나는 그 정도가 아닐 거라고 대꾸했다. 그러고는 강의실이 울릴 정도로 크게 소리쳤다.

"세 시간 걸리는 거리라서, 세 시간 비행기를 타야 해서, 사흘이 걸릴 거라서 당신에게 필요한 일, 하고 싶은 일을 못한다면 또 어떤 것들이 당신을 가로막을까요? 답은 뻔합니다. 모든 게 다 가로막겠죠! 뭐든지 장애물일 겁니다. 문제의 크기가 아니라 바로 당신의 크기 때문입니다!"

나는 계속했다.

"간단해요. 장애물에 걸리는 사람이 되든지 장애물을 넘어서는 사람이 되든지, 둘 중 하나입니다. 당신이 선택하세요. 성공하고 싶다면, 부자가 되고 싶다면, 전사가 되어야 합니다. 뭐든지 하겠다는 각오가 있어야 합니다. 어떤 장애물에도 걸리지 않도록 자신을 훈련시켜야 합니다.

부자가 되는 길은 편하지 않습니다. 부자가 되는 길은 쉽지 않습니다. 사실 미치게 힘들 수 있죠. 하지만 그래서 뭐가 어떻다는 거죠? 쉬운 일만 하려고 하면 인생이 힘들어질 것이고, 힘든 일도 기꺼이 하려고 하면 인생이 쉬워질 겁니다. 부자들은 쉽고 편한 행동을 찾지 않습니다. 그건 가난한 사람들에게나 해당되는 말입니다."

나의 훈계는 끝났고 방 안은 조용했다.

나중에 그 남자는 나에게 다가와 "자신의 눈을 열어주었다."며 감사를 표했고 물론 3일 일정의 훈련 강좌도 듣기로 했다(밴쿠버에서 열리는데도). 잠시 후 강의실을 나서다가 그가 전화 통화하는 소리를 들었는데 내가 방금 한 말을 친구에게 똑같이 퍼붓고 있었다. 재미있지 않은가. 다음날 그의 친구 3명이 등록한 걸 보면 효과가 있었던 모양이다. 그들은 이스트코스트에서 달려왔고 밴쿠버까지 함께 갔다!

이제 불편함이라는 장애물을 이야기해 보자. 불편함을 무릅쓰고 행동하는 것이 왜 중요할까? 편안함은 지금 당신이 있는 곳이기 때문이다. 인생의 새로운 단계로 도약하려면 편안한 지대를 뚫고 나와 불편한 일까지 할 수 있어야 한다.

지금 5단계의 삶을 살고 있고 10단계의 삶으로 도약하고 싶다고 해보자. 5단계 밑으로는 당신이 편안할 수 있는 지대이다. 하지만 6단계 위쪽은 당신 머릿속에 있는 상자 밖의 세상, 즉 불편한 지대이다. 5단계에서 10단계로 올라가기 위해서는 그만큼의 불편한 지대를 통과해야 한다.

가난한 사람들은 불편한 것을 싫어한다. 편안함을 제일 우선으로 여긴다. 자, 성공한 부자들만이 알고 있는 비밀을 하나 알려주겠다.

편안함은 지나치게 과대평가되어 있다. 편안한 지대에 머물러 있는 것이 포근하고 아늑하고 안정감 있게 느껴질지 모르지만 당신의 발전에는 도움되지 않는다. 보다 성숙한 인간이 되려면 편안할 수 있는 지대를 넓혀야 한다. 편안한 지대 밖으로 나올 때가 진정으로 성장할 수 있는 시간이다.

하나 물어보겠다. 새로운 일을 처음 접할 때 편안한가, 불편한가? 편치 않은 느낌이었을 것이다. 하지만 그 후에 어떻게 되는가? 여러 번 해볼수록 편안해지지 않던가? 바로 이런 거다.

무슨 일을 하든지 처음에는 편할 수 없다. 그래도 끈기 있게 계속하면 결국 불편함은 사라지고 좋은 결과를 낼 수 있다. 당신의 편안한 지대는 새롭게 확장되고 당신은 더 큰 사람이 되어 있을 것이다.

편안한 지대를 계속 확장 시켜라

다시 말하지만 불편함을 느낄 때가 진정으로 성장할 수 있는 시간이다. 이제부터 불편하다는 느낌이 들 때마다 예전의 편안한 지대로 되돌아가지 말고 자신의 등을 툭툭 두드려주며 말하자.

"성장해야지." 그리고 계속 전진하라.

성공한 부자가 되려면 불편함에 편안해지는 것이 낫다. 의식적으로 불편한 지대로 들어가 겁나는 일을 해보자. 훈련삼아 해보는 것이다. 앞으로 이 방정식을 꼭 기억해 두기 바란다.

CZ = WZ

편안한 지대comfortable zone와 부유한 지대wealth zone의 크기는 똑같다는 뜻이다.

편안한 지대를 확장해 나가면 소득이 많아지고 부유해진다. 지금 있는 곳이 편안하다는 이유로 아무 것도 하지 않으면 모험을 멀리하게 되고, 잡을 수 있는 기회가 줄어들고, 여러 사람을 만나려 하지 않을 것이고, 새로운 시도도 하지 않을 것이다. 알겠는가? 편안함을 추구할수록 두려움으로 위축되기 쉽다.

반대로 자신을 '확-장'할 때는 잡을 수 있는 기회가 많아지고 더 많은 소득과 부를 거머쥘 수 있다. 우주는 진공상태를 싫어한다. 당신이 넓은 그릇(편안한 지대)을 갖고 있으면 우주가 그 공간을 채우려고 달려온다. 성공한 부자들은 편안한 지대가 넓다. 그 공간을 꾸준히 확장해 나가면서 더 많은 돈을 벌어들인다.

불편해서 죽는 사람은 없다. 하지만 편하게 살려고 하다가는 수많은 아이디어와 기회와 실천과 발전이 죽어 없어질 수 있다. 편안함은 배신자다! 당신이 편안함을 삶의 목표로 삼고 있다면 2가지를 확실히 말해줄 수 있다.

첫째, 절대 부자가 될 수 없을 것이다.

둘째, 결코 행복하지 못할 것이다.

지난날에 하지 못한 일들을 반추하며 이도저도 아닌 상태로 살아가는 삶은 행복하지 않다. 행복이란 잠재력을 충분히 발휘하면서 자연스럽게 발전해 나갈 때 그 결과로 찾아온다.

한번 시험해 보라. 불편한 기분이 들 때나 불안하거나 두려워질 때, 안전을 찾아 움츠리고 후퇴하는 대신 앞으로 밀고 나가라. 불편한 느낌을 인식하고 경험하라. 그것이 감정에 불과하다는 것을, 당신을 막을 수 없다는 사실을 알라. 불편함을 이기고 끈기 있게 나갈 때 결국 목표에 도달할 수 있다.

불편함이 가시지 않더라도 상관없다. 그런 감정이 당신을 위축시키려 할 때 오히려 목표를 늘려나가야겠다고 다짐하라. 편안함에 안주하는 순간 당신의 성장은 멎는다. 잠재력을 발휘하고 발전해 나가려면 항상 상자 가장자리에서 언제든지 밖으로 튀어나갈 자세가 되어 있어야 한다.

우리는 습관의 동물이기 때문에 훈련이 중요하다. 두려워도 행동하고, 불편해도 행동하고, 힘들어도 행동하고, 기분이 내키지 않을 때도 행동하는 훈련을 하라. 그런 과정을 거치면 당신의 삶이 보다 높은 단계로 올라갈 것이다. 노력하는 동안에 필히 통장을 확인하라. 예금도 아주 빠르게 늘어나고 있을 테니까.

당신의 마음을 스스로 선택하라

당신의 마음은 아주 대단한 드라마 작가다. 황당무계한 이야기를 꾸며내고, 한번도 일어난 적 없고 앞으로도 아마 일어나지 않을 일을 생각해 내고, 극적인 사건과 끔찍한 변재도 상상해 낸다. 마크 트웨인이 이런 상황을 잘 지적했다. "내가 고민했던 수천 가지 문제 중에서 대부분은 실제로 일어나지 않았다."

'당신의 마음은 당신 자신이 아니다.'라는 사실을 꼭 알아야 한다. 당신은 그 마음보다 훨씬 위대하고 크다. 손이 당신의 일부인 것처럼 마음도 당신의 일부일 뿐이다.

이런 식으로 생각해 보자. 당신의 손이 마음과 똑같이 군다면 어떨까? 사방팔방으로 돌아다니고, 시도 때도 없이 당신을 때리고, 제 멋대로 날뛴다면, 어떻게 할 것인가?

"잘라버려야 한다!"는 대답이 나올 수 있다. 하지만 손은 당신에게 꼭 필요하고 당신을 위해서 많은 일을 해줄 수 있는 도구다. 그런 도구를 왜 잘라버리는가? 차라리 잘 통제하고 관리하자. 당신의 뜻을 거스르지 않고 당신을 위해 일하도록 길들이는 편이 낫다.

당신의 행복과 성공을 위해 마음을 관리하고 훈련하는 것이, 당신에게 가장 중요한 기술이다. 이 책에서 그리고 세미나에서 가르치고 있는 바로 그것이다.

마음을 어떻게 훈련한단 말인가? 주의 깊게 관찰하는 것이 기본이다. 행복과 성공에 전혀 도움이 안 되는 생각들을 골라내라. 그런 생각들을 의식적으로 바꿔나가라. 당신에게서 힘을 빼앗아 가는 생각들을 힘을 더해주는 생각들로 교체하라.

힘이 되어주는 생각을 어디서 찾을까? 바로 여기, 이 책에서 찾을 수 있다. 이 책에 쓰여 있는 선언 하나하나가 성공을 위해 힘을 더해주는 생각들이다.

이러한 생각과 느낌과 태도를 당신의 것으로 체화하라. 내 것으로 만들어라. 우물쭈물 기다릴 필요 없다. 자기 패배적인 사고방식으로 생각하던 습관을 버리고 이 책에서 설명하는 대로 생각할 때 삶이 한결 나아질 수 있다는 사실을 지금 당장 인정하라.

생각에 휘둘리지 말고, 당신이 생각을 휘둘러라. 예전의 마음이 대장이 아니라 지금 당신이 대장이다. 새로운 마음이 당신을 위해서 일해줄 것이다.

당신의 생각은 당신이 선택할 수 있다. 힘이 안 되는 생각은 언제라도 취소할 수 있다. 당신에게 그럴 능력이 있고 권한도 있다. 힘을 부여하는 생각을 언제든 심을 수 있다. 거기에 집중하면 된다. 당신에게는 마음을 통제할 힘이 있다.

《1분이 만드는 백만장자》의 저자 로버트 앨런은 이렇게 말했다. "머릿속의 생각에는 대가가 따른다."

부정적인 생각에 그만한 대가를 지불해야 한다는 뜻이다. 돈으로, 에너지로, 시간으로, 건강으로, 행복의 파괴로 대가를 치르게 된다. 삶의 수준을 새로운 수준으로 높이고 싶으면 하나의 생각이 떠오를 때마다 힘을 빼앗는 것인지 힘을 주는 것인지 판단하라. 행복과 성공을 지원해 주는 것인지, 파괴하는 것인지 판단하라. 힘을 빼앗는 생각은 무시하고 힘을 더해주는 생각에 집중하라. 쓰레기 같은 생각이 떠오르면 "취소다. 알려줘서 고맙다."고 가볍게 넘긴 다음에 쓸모 있는 생각으로 바꿔라. 이것이 힘 있는 사고다.

이 훈련을 하면 당신의 인생은 결코 예전의 인생과 똑같은 상태로 머물지 않을 것이다. 내가 약속하겠다!

그렇다면 '힘 있는 사고'와 '긍정적인 사고'의 차이는 무얼까? 사소한 차이가 있을 뿐이지만 그 여파는 크다. 긍정적인 사고는 정말 잘될 거라는 믿음 없이 그저 다 잘될 거라고 막연히 생각하는 상태다.

하지만 힘 있는 사고는 모든 것을 중립상태에 둔다. 우리가 의미를 부여하지 않는 한 어떤 것도 의미가 없으며 이야기를 꾸며내고 거기에 의미를 부여하는 장본인은 자기 자신이라는 것을 안다.

이것이 긍정적인 사고와 힘 있는 사고의 다른 점이다. 긍정적인 사고를 할 때 사람들은 자기 생각이 정말 맞다고 생각한다. 그러나 힘 있는 사고는 다르다. 생각이라는 것이 어쨌든 한쪽으로 기울어질 수밖에 없다는 것을 인정하는 것이 핵심이다. 그러니까 자신을 지지하는 쪽으로 생각을 재편성하는 편이 낫다고 판단하는 것이다.

새로운 생각이 진실이라서가 아니라 우리에게 조금 더 유익하기 때문에 선택한다.

• 선언 •

가슴에 손을 얹고 말하자
"두려워도 행동하겠다."
"의심스러워도 행동하겠다."
"불안해도 행동하겠다."
"불편해도 행동하겠다."
"힘들어도 행동하겠다."
"하기 싫어도 행동하겠다."

머리에 손을 대고 말하자
"나는 백만장자 마인드를 가졌다!"

두려움에도 불구하고
행동을 시작하라

1 돈에 관해서 제일 크게 느끼는 두려움이나 근심이나 불안감을 적어보라.

거기에 도전하라.

그 두려움이나 불안이 실제 상황이 될 경우에 어떻게 할 것인지 적어라.

그 후에도 살아 있을까? 회복할 수 있을까? 대개는 '그렇다'는 대답이 나올 것이다.

이제 걱정은 그만하고 부자가 되어라!

2 편안한 지대에서 빠져나오는 연습을 하라.

스스로 불편할 법한 결정을 내려라.

사람들에게 평소에 하지 않는 말을 하거나, 승진을 요구하거나, 가게 물건 값을 올리거나, 매일 한 시간 일찍 일어나거나, 밤에 숲 속을 걸어라.

그런 훈련으로 당신은 그 무엇으로도 막을 수 없는 인물이 될 것이다!

3 힘 있는 사고를 하라.

자신을 관찰하고 생각이 흐르는 패턴을 살펴라.

행복과 성공을 지지해 주는 생각만 받아들여라.

"그건 못해.", "하기 싫어.", "안 되겠어." 머릿속의 이런 작은 목소리에 도전하라.

두려움에 묶인, 편안함에 묶인 목소리에 조종당하지 말라. 그 목소리가 성공에 필요한 일을 못 하게 할 때에도 어쨌든 그 일을 하라. 마음이 아니라 당신이 주인이라는 점을 보여주어라. 영향력을 상실한 그 목소리는 결국 잠잠해질 것이다.

최고의 보상을 받으려면
최고가 되어라

부자는 계속 배우고 발전한다
가난한 사람은 이미 안다고 생각한다

세상에서 제일 위험한 문장은 '나는 알고 있다.' 이다. 당신이 정말로 아는지 모르는지 알아내는 방법은? 간단하다. 아는 대로 살아가면 아는 것이다. 안다고 생각하지만 그대로 살지 못한다면 아직 모르는 것이다. 지금 당신이 부자가 아니고 행복하지 않다면 돈과 성공과 인생에 대해 배워야 할 것들이 아직 남아 있다는 뜻이다.

내가 파산 상태였을 때 나를 불쌍히 여긴 부자 아저씨는 "네가 원하는 만큼 성공하지 못했다면 네가 모르는 게 있어서 그런 것이다."라고 충고해 주었다. 다행히 나는 그분의 충고를 받아들여 '다 안다.'는 태도에서 '다 배우겠다.'는 태도로 바꾸었고 그때부터 모든 것이 달라졌다.

가난한 사람들은 자신이 옳다고 증명하려 애쓴다. 자신이 다 알고 있는 것처럼 위장하면서 단지 운이 나빠서, 세상이 잘못되어서 가난하게 하루하루 근근이 사는 거라고 생각한다.

당신이 옳다면 지금 부자일 것이고 부자가 아니라면 옳지 않은 것이다. 둘 중 하나다. 지금 이대로가 옳다고 믿으면 부자가 될 수 없다. 옳은 상태를 유지하려면 예전의 방식을 고수해야 하고 그 방식은 당신을 지금 있는 곳에 묶어놓은 방식이다. 행복에 대해서도 마찬가지다. 당신이 옳다면 지금 행복할 것이다. 행복하지 않다면 옳지 않은 것이다.

저자 겸 강사인 짐 론Jim Rohn은 "항상 하던 일만 계속하면 항상 가진 것만 갖게 된다."고 말한다. 당신의 방식이 어떤지는 이미 스스로 알고 있다. 현실이 증명해 주고 있다. 당신이 해야 할 일은 새로운 방식을 알아내는 것이다. 내가 이 책을 쓰는 이유가 여기에 있다. 나는 당신이 이미 가진 것에 보탬이 될 수 있는 새로운 파일을 당신의 마인드에 저장해 주고 싶다. 새로운 생각, 새로운 행동, 그로 인하여 새로운 결과를 보여줄 수 있는 새 파일을 말이다.

계속 배우고 발전해 나가는 것이 중요하다. 세상에 정지되어 있는 것은 없다. 생명이 있는 것은 모두 끊임없이 변화해 간다. 풀 한

포기를 심어보라. 자라지 않으면 죽어가고 있을 것이다. 살아 있는 모든 유기체가 그렇듯이 사람도 마찬가지다. 당신이 자라지 않으면 죽어가고 있을 것이다.

길 위의 철학자 에릭 호퍼 Eric Hoffer 는 이렇게 말했다. "이미 배운 이들은 더 이상 존재하지 않는 세상을 탐닉하며 자신을 고상하게 여기지만 계속 배우는 이들은 미래를 물려받는다." 다시 말해서 부단히 배우지 않으면 당신은 뒤처진다.

가난한 사람들은 돈이 없거나 시간이 없어서 교육받을 여건이 안 된다고 말한다. 반면에 부자들은 벤저민 프랭클린의 말을 내세운다. "교육이 비싸다고 생각하면 무지를 벗어나지 못할 것이다." 아는 것이 힘이며, 행동하는 능력이 곧 힘이다.

내가 훈련 프로그램을 설명할 때마다 주머니가 제일 가벼운 사람들이 "나는 그런 거 필요 없다.", "그럴 시간이 없다.", "그럴 돈이 없다."고 말한다. 하지만 부자들은 다르다. "새로운 것을 하나만 배우더라도, 한 가지만 개선되더라도 그만한 가치가 있다."고 말한다. 시간이 없다며 하고 싶은 일이나 해야 할 일을 못 하는 사람은 이 시대의 노예와 다를 바가 무언가. 성공하는 법을 배울 사람이야말로 누구보다 그것을 배워야 할 사람이다. 미안하지만 "그럴 돈이 없다."는 말도 변명이 될 수 없다. 과연 언제 그 돈이 생기겠는가? 앞으로 1년, 2년, 5년 후에 뭐가 달라지겠는가? 달라질 게 없다! 그때가 되어도 똑같은 말을 하고 있을 것이다.

성공하는 법을 배우고 훈련하라

당신이 바라는 돈을 가지려면 머니 게임을 철저하게 배우는 것 외에는 다른 방법이 없다. 소득을 높이고, 돈을 관리하고, 그 돈을 효율적으로 투자하는 기술과 전략을 배워야 한다. 똑같은 행동을 반복하면서 결과가 달라지길 기대하는 사람을 제정신이라고 할 수 있을까? 지금 하는 행동이 잘하는 일이라면 당신은 이미 부자가 되었을 것이고 행복해졌을 것이다. 그 외의 다른 말은 모두 핑계이거나 합리화일 뿐이다.

너무 심하다는 생각이 들어도 하는 수 없다. 이것이 나의 할 일이다. 훌륭한 선수를 길러내는 코치는 선수가 자신에게 던지는 질문보다 더 많은 질문을 던진다. 자극을 주지 못하는 코치는 필요 없다. 코치로서 나의 목표는 당신을 훈련시키고, 영감을 주고, 격려하고, 달래며, 당신이 스스로 묶어둔 구속을 다각도로 관찰하게 하는 것이다. 나는 당신 삶의 수준을 높이기 위해 수단과 방법을 가리지 않을 것이다. 당신이 10배 더 행복해지고 100배 더 부자가 될 수 있도록 필요한 일을 다 할 생각이다. 대충 넘어가길 바라지 말라. 하루속히 지금 상황에서 벗어나 삶의 단계를 높이고 싶다면 계속 배워라.

성공하는 법은 배울 수 있다. 어떤 성공을 원하든 다 배울 수 있다. 뛰어난 골프 선수가 되고 싶으면 그 방법을 배우면 된다. 훌륭한 피아니스트가 되고 싶으면, 행복해지고 싶으면 그 방법을 배우면 된다. 그러니까 부자가 되고 싶으면 그렇게 되는 방법을 배우면 된다. 당신이 지금 있는 곳은 중요하지 않다. 어디서 시작하는지도 중요하지 않다. 배울 의지가 있느냐, 그것이 중요하다.

얼마 전에 올림픽 스키 선수가 세미나에 참석한 적이 있다. "일류가 된 사람도 한때는 초보였다." 내가 이 말을 했을 때, 그 사람이 벌떡 일어나더니 자기 이야기를 해보겠다고 했다. 자신은 그렇지 않았다고, 처음부터 초보가 아니었다고 반대하려는 것인 줄 알았는데 정작 그는 어렸을 때 친구들 중에서 스키를 제일 못 타는 아이였다고 고백했다. 친구들이 스키 타러 갈 때 같이 데려가지도 않을 만큼 형편없는 실력이었다. 그래서 그는 주말마다 아침 일찍 산에 올라가 스키 연습을 했다. 얼마 지나지 않아 친구들의 실력을 따라잡을 수 있었고 친구들보다 더 잘 타게 되었다. 그 후에 스키 클럽에 들어가 훌륭한 코치에게 훈련받았다. "내가 지금은 스키 선수지만 처음에는 왕초보였습니다. 하브의 말이 맞아요. 성공하는 법은 배울 수 있습니다. 난 스키를 통해 성공하는 법을 배웠고 이제 돈 쪽으로 성공하는 법을 배울 겁니다!"

엄마 뱃속에서 나올 때부터 돈 버는 재주를 타고나는 사람은 없다. 부자들은 머니 게임에서 이기는 법을 배웠던 것이고 당신도 그럴 수 있다. 기억하라. 그들이 할 수 있다면 나도 할 수 있다!

부자가 된다는 것은 단순히 돈이 많아지느냐의 문제가 아니라 어떤 사람이 되느냐의 문제다. 사람들이 잘 모르는 비밀 하나를 알려주겠다. 부자가 되어 계속 부자로 사는 가장 빠른 지름길은 당신을 계발시켜나가는 것이다! 자신을 성공한 사람으로 발전시키는 것이다. 외부 세상은 당신의 내면세계를 비추는 거울에 불과하다. 드러난 결과는 열매일 뿐, 당신이 그 뿌리다.

성격과 마인드를 성공하는 사람 쪽으로 발전시키면 자연히 당신이 하는 일도 성공한다. 옳은 선택을 할 수 있는 힘이 생긴다. 내면의 힘이 생기고, 일이나 사업이나 투자를 선택하는 능력이 생기고, 성공할 수 있다는 사실을 안다. 이것이 핵심이다. 당신이 5단계의 사람이면 5단계의 결과를 얻는다. 10단계의 사람으로 성장하면 10단계의 결과를 얻을 것이다.

한 가지 경계해야 할 사항이 있다. 자신에게 아무런 공을 들이지 않고 어쩌다 떼돈을 벌면 그것은 일시적인 행운에 그친다는 점이다. 그런 행운은 금방 사라지기 쉽다. 하지만 안팎으로 성공하는 사람이 되면, 성공한 다음에도 그것을 유지하고 발전시켜 궁극적으로 행복해질 수 있다.

부자는 "된다. 행동한다. 갖는다."라는 성공 주문을 외운다. 가난한 사람은 "갖는다. 행동한다. 된다."가 성공의 주문이라고 믿는다. 가난한 사람들은 '돈이 많으면 내가 원하는 것을 할 수 있고 성공하게 되리라.'고 믿는다. 부자는 '성공하는 사람이 되면 해야 할 일을 할 수 있고 원하는 것을 가질 수 있다. 돈도 함께.'라고 생각한다.

안주하지 말고 자신을 최대한 성장시켜라

부자들만 아는 비밀이 또 하나 있다. 진정한 부자들은 재력가가 되겠다는 목표 이외에 자신을 최대한 성장시키겠다는 목표도 함께 추구한다. 부자가 되려는 노력으로 돈을 얻게 될 뿐만 아니라 자신을 발전시킬 수도 있다. 사실, 자신을 발전시키는 것은 여타 목표 중의 최고봉이다. 가수 겸 배우 마돈나에게 해마다 음악과 스타일을 바꾸는 이유가 뭐냐고 질문했을 때 그녀는 음악이 자신의 자아를 표현하는 방법이며 새로운 모습을 보여주기 위해서는 필히 자신이 새로운 사람으로 발전해야 한다고 답했다.

성공은 '무엇'을 갖느냐가 아니라 '누구'가 되느냐다. 그 '누구'는 훈련하고 익힐 수 있는 부분이다. 솔직히 나는 완벽한 사람이 아니고 완벽 근처에도 가지 못하는 사람이다. 하지만 25년 전의 내 모습과 지금의 내 모습을 비교하면 그 당시 '나와 나의 돈'(결핍 상태)과 지금 '나와 나의 돈'(부유한 상태)의 상관관계를 알 수 있다. 나는 성공하는 방법을 배웠고 당신도 배울 수 있다. 누구든지 성공을 훈련할 수 있다. 나는 그 훈련을 했고, 지금 수만 명의 다른 사람들에게 성공을 훈련시키고 있다. 물론 훈련은 효과적이다!

부자와 가난한 사람의 또 다른 차이점은 부자는 자기 분야의 전문가라는 점이다. 중산층은 자기 분야를 어느 정도 알고, 가난한 사람들은 자기 분야를 잘 모른다. 지금 하는 일에 얼마나 뛰어난가? 지금 직업에 얼마나 유능한가? 지금 하는 사업을 얼마나 잘하는가? 객관적으로 알고 싶은가? 당신의 수입을 보라. 그것이 모든 것을 증명해 준다. 간단하다. 최고의 보상을 받으려면 최고가 되어야 한다.

프로의 세계가 이 원칙을 우리에게 매일매일 확인시켜 준다. 일반적으로 그 분야의 최고 선수들이 최고의 보상을 받고 가장 많은 돈을 번다. 하물며 상품 하나를 광고해 주고도 최고의 대가를 받는다. 비즈니스에서도 똑같은 원리가 적용된다. 사업가, 전문직 종사자, 연봉 기준의 회사원, 아니면 부동산, 주식, 다른 어디에 투자를 하건 한 가지는 분명하다. 그 분야를 잘 알고 기술이 좋은 사람이 더 많이 번다. 따라서 당신이 속한 분야를 지속적으로 배우고 실력을 키워나가는 노력이 중요하다.

최고의 자리에 오른 이에게 배워라

부자들은 자기 분야를 꾸준히 배운다. 또한 자신의 목표에 이미 도달해 있는 사람들에게 배운다. 나 또한 그래왔다. 나는 반드시 자기 분야에서 진정 최고의 자리에 있는 사람에게 배운다. 전문가라고 주장하는 사람이 아니라, 현실적인 결과로 자기 말을 증명해 보이는 사람들에게. 부자들은 자기보다 더 큰 부자들에게 충고를 구한다. 반면 가난한 사람들은 친구나 동료 같이 자신과 똑같이 가난한 사람들에게 충고를 구한다.

최근에 내 돈을 맡아 관리하고 싶다는 투자 금융 전문가와 만난 적이 있다. 그는 처음부터 자신에게 몇 만 달러를 맡겨달라고 제안했다. 그러면서 나의 재정상태를 말해주면 적당한 투자 종목을 추천해 주겠다고 했다. 나는 그의 눈을 바라보며 말했다. "실례지만 반대로 해봅시다. 내 돈을 관리하고 싶으면 당신의 재정상태를 먼저 알려주세요. 당신이 정말 부자일 경우에만 이 일이 성사될 겁니다!" 그 남자는 상당히 당황하는 눈치였다. 투자 자금을 맡기기 전에 그의 순자산을 알려달라고 한 사람은 아마 한 명도 없었나 보다. 어떻게 그럴 수 있을까? 에베레스트에 오르려 할 때 정상을 밟아보지 않은 사람을 가이드로 쓰겠는가, 아니면 정상에 몇 번 올라가 본 경험이 있는 가이드를 쓰겠는가?

그렇다. 꾸준히 배우는 데 관심과 에너지를 기울이는 것도 중요하지만 당신이 배우고 충고를 구하는 사람도 신중하게 선택해야 한다.

당신의 성공을 이끌어줄 수 있는 전문가에게 자문을 구하라. 유능한 코치는 당신이 하려는 일을 뒷받침해 줄 수 있다. 인생의 지혜를 알려줄 수 있는 인생 코치들도 있을 것이다. 금전적인 부분, 사업 분야, 대인관계, 건강, 영적인 분야를 전문으로 하는 전문가들도 있을 것이다. 코치로 삼으려는 사람의 배경을 파악하라. 그가 당신이 추구하는 분야에서 성공한 사람인지 확인하라.

에베레스트 정상에 오르는 방법이 있는 것처럼 고소득, 신속한 경제적 자유, 부자가 되는 길에도 이미 입증된 루트와 전략이 있다. 그 전략을 배워서 사용하는 것은 당신의 몫이다.

앞서 밝힌 돈 관리법 중 교육 통장에 수입의 10퍼센트를 넣어야 하는 이유가 여기에 있다. 이 돈은 강연회나 책, 영상 등 자신의 교육을 위해 사용해야 한다. 가난한 사람들의 입버릇처럼 "다 알고 있다."고 중얼거리는 대신 공식적인 교육기관에 입학하든, 사설 교육기관에 등록하든, 개인적으로 훈련을 받든, 어떤 방법이든 사용하라. 이 통장에 비축한 돈으로 당신은 항상 배우며 성장할 수 있을 것이다.

• 선언 •

가슴에 손을 얹고 말하자
"계속 배우고 성장하겠다."

머리에 손을 대고 말하자
"나는 백만장자 마인드를 가졌다!"

최고의 보상을 받으려면
최고가 되어라

1 성장하기 위해 노력하라.

   적어도 한 달에 한 권, 책을 읽어라. 돈, 사업, 자기 계발에 관한 영
   상을 보거나 세미나에 참가하라.

   당신의 지식과 자신감과 성공이 날아오를 것이다!

2 조언해 줄 전문가를 구하는 방법도 생각해 보라.

   그 사람이 당신의 진전 상태를 확인해 줄 수 있다.

3 백만장자 마인드 세미나 등 교육 프로그램에 등록하라!

   그런 프로그램을 계기로 수백만 명의 삶이 달라졌다.

   당신의 삶도 달라질 것이다!

말하기는 쉽다.
행동이 필요하다!

이제 어떻게 해야 하는가? 무엇을 해야 하는가? 어디서부터 시작해야 할까? 전에도 말했지만 몇 번이고 반복하겠다. "말하기는 쉽다."

이 책을 재미있게 읽었기를 바라지만 이 책에 나오는 원칙들을 이용하여 삶을 극적으로 향상시키는 것이 더 중요하다. 읽는 것만으로는 당신이 추구하는 변화를 일으킬 수 없다. 물론 읽는 것이 시작이지만 진짜로 성공하려면 직접 움직여야 한다. 행동이 필요하다.

1부에서 우리는 경제 청사진이라는 개념을 배웠다. 간단하다. 경제 청사진이 당신의 경제적인 운명을 결정할 것이다. 어린 시절

257

어떤 말을 듣고 자랐는지, 누구를 보고 자랐는지, 어떤 경험을 했는지를 설명하는 부분에서 내가 제시한 훈련방법들을 활용하라. 당신의 성공에 도움이 되는 청사진으로 바꿔나가라. 매일매일 여기에 제시된 선언들을 외워라.

2부에서는 부자와 가난한 사람들의 다른 점, 즉 백만장자들의 마인드와 행동지침 17가지를 알아보았다.

여기에 있는 선언들을 반복하며 기억을 환기하라. 당신의 마음에 그것이 뿌리를 내릴 것이다.

과거와는 상당히 다른 관점으로 인생과 돈을 바라보게 될 것이다. 그 시점으로부터 새로운 선택과 결정이 전개되고 새로운 결과물이 나타날 것이다. 그리고 각각의 백만장자 마인드 끝부분에 소개되어 있는 행동지침을 실천하면 이 과정이 가속화된다.

행동지침을 실천하는 일은 매우 중요하다. 확실하게 달라지려면 기본 토대부터 달라져야 한다. 머릿속의 구조가 수정되어야 한다. 훈련이 필요하다는 뜻이다. 읽는 것에 그치지 말고, 생각하는 데 그치지 말고, 말하는 데 그치지 말고 실제로 행동해야 한다.

나 자신을 의심하고 또 의심하라

머릿속의 작은 목소리가 '훈련 따위는 필요 없어. 그럴 시간도 없어.'라고 속삭일 때 정신을 바짝 차려야 한다. 여기서 말하는 녀석은 누구인가? 과거의 프로그래밍이 만들어낸 마음이다!

그 마음은 당신을 지금 있는 곳에, 편안한 지대에 잡아두려 한다. 귀담아듣지 말라. 행동지침을 실천하고, 선언하고, 그다음에 당신의 인생이 하늘 높이 날아오르는 모습을 지켜보아라!

1년 정도 한 달에 한 번씩 이 책을 다시 읽을 수 있다면 더욱 좋다. '뭐야?' 그 작은 목소리가 비명을 지를지 모르겠다. '다 읽었잖아. 왜 또 읽으라는 거야?' 좋은 질문이다. 대답은 이렇다.

"반복은 학습의 어머니이기 때문이다."

책을 여러 번 읽음으로써 그만큼 빠르게 개념을 익힐 수 있고 자연스럽게 행동으로 연결시킬 수 있다.

나는 성공하는 기술을 배울 수 있었고 이제 다른 사람들의 성공을 도와주는 것이 나의 사명이라고 믿는다. 당신이 차원 높은 자아에서 주장하는 용기와 목적의식, 기쁨과 두려움, 욕구와 책임감에 따라 살아갈 수 있도록 방법을 알려주고 감화하고 싶다.

다양한 세미나와 워크숍으로 많은 사람들의 인생을 보다 빠르게 더 나은 쪽으로 변화시킬 수 있는 나는 축복받은 사람이다. 200만 여 명의 삶을 부유하고 행복하게 이끌어줄 수 있어서 말할 수 없이 기쁘다. 이 책을 통해 당신의 경제 청사진이 확실하게 바뀌어, 전혀 새로운 성공의 단계로 올라가게 될 것이다.

이 책을 읽음으로써 지금까지 경제적인 잠재력을 구속하고 있던 끈을 잘라내고 인생을, 돈을, 대인관계를, 당신 자신을 완전히 새롭게 바라볼 수 있다.

이 책에는 당신의 사고방식을 관찰하고 돈 때문에 묶여 있는 한계를 뛰어넘는 방법이 제시되어 있다.

부정적인 생각, 습관, 행동을 변화시키는 방법도 가르쳐준다. 돈을 변화의 시작으로 잡은 이유는, 돈이 많은 사람들에게 가장 큰 고통의 원인이 되고 있기 때문이다. 당신의 경제적 능력이 향상될 수 없도록 가로막는 장애물이 무엇인지를 깨달으면 이 깨달음으로 인하여 삶의 다른 부분도 개선되기 시작할 것이다.

인식의 수준을 높이는 것을 목표로 삼아라. 의식적으로 자신의 생각과 행동을 인식할 때, 과거에 주입된 프로그램이 아니라 현재를 기준으로 진정 자신의 선택을 할 수 있다. 두려움에 갇힌 '하위 자아'가 아닌 '상위 자아'가 힘을 펼칠 수 있다. 당신이 되고 싶은 그 모습을 향하여 운명을 충실하게 개척해 나갈 수 있다.

하지만 꼭 알아야 할 점이 있다.

이런 변화는 당신 자신뿐 아니라 전 세계에 영향을 미친다. 세상은 사람들이 만들어내는 생각에 불과하다. 우리 개개인의 의식이 높아질 때, 세상의 의식도 높아진다. 두려움에서 용기로, 증오에서 사랑으로, 결핍에서 번영으로 옮겨갈 수 있다. 자신을 일깨워 세상에 더 많은 빛을 뿌리는 것이 우리의 사명이다.

세상이 분명해지길 바란다면 당신부터 분명해져라. 세상이 나아지길 바란다면 당신부터 나아져라. 당신의 잠재력을 발휘하고 삶에 성공과 풍요를 더하기 위해 성장하는 것이

당신이 해야 할 일이다. 그런 노력을 통하여 타인을 돕고 세상을 긍정적으로 바꿔나갈 수 있다.

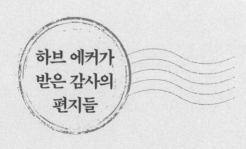

하브 에커가
받은 감사의
편지들

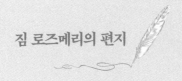

짐 로즈메리의 편지

짐 로즈메리가 하브 에커에게

잠재력 훈련을 받은 덕분에…….

수입이 2배로 늘어나고 휴식 시간도 2배로 늘어날 거라고 말하는 사람이 있었다면 난 터무니없는 소리 말라고 했을 겁니다. 그런데 바로 그런 일이 나한테 일어났습니다.

올해 우리 사업은 175퍼센트 성장했어요. 게다가 7주일을 휴가로 사용했죠. (그때 당신 회사에서 하는 훈련 프로그램에 참가했어요!) 5년 동안 사업은 제자리걸음이고 1년에 2주도 쉬지 못했던 걸 생각하면 정말 믿어지지 않는 변화랍니다.

하브 에커라는 사람을 알게 된 덕분에, 잠재력 훈련을 받은 덕분에, 나 자신을 더 잘 알게 되었습니다. 내 삶에 들어온 풍요로움에 더욱 감사할 수 있게 되었습니다. 아내와 아이들과의 관계도 눈에 띄게 좋아졌습니다. 이제는 내 앞에 있는 기회들이 분명하게 보입니다. 성공으로 가는 길에 확실히 들어섰습니다.

션 니타의 편지

20대에 배웠다면 얼마나 좋았을까요!

하브,

아내의 친구가 당신을 소개해 준 게 얼마나 감사한지 모르겠습니다.

그때는 내 급료가 1만 달러 깎였을 때였습니다. 수입과 지출을 맞출

수 없어서 필사적으로 다른 방법을 찾고 있었죠.

당신의 세미나에서 우리는 경제적으로 자유로워질 수 있는 방법을

배웠습니다. 그 방법을 실천하자 기적이 일어나기 시작했어요. 1년

만에 5채의 집을 구입했답니다. 한 곳에서 최소 1만 8,000달러의 수

익이 들어왔습니다. 만약 집을 3배로 더 사게 되어 15채가 되는 경우

에는 수익이 30만 달러가 될 거예요! 내가 전에 받던 연봉의 6배죠!

14년간 일하던 회사를 그만두고 부동산 임대업에 본격적으로 뛰어

들었어요. 이제 가족과 친구와 같이 보낼 수 있는 자유시간까지 생겼

지 뭡니까.

성공의 열쇠를 알려주셔서 고맙습니다. 앞으로 내 인생에 벌어질 일

들이 기대됩니다. 20대에 이런 걸 배웠더라면 얼마나 좋았을까요.

고맙습니다.

워싱턴주 시애틀에서, 션 니타

크리스틴 클로저의 편지

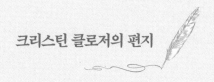

크리스틴 클로저가 하브 에커에게

세미나에 참석하고 나서 저의 소득은 완전히 달라졌어요. 가게 수입이 1년 만에 400퍼센트나 올랐답니다.

더 중요한 건, 소득의 10퍼센트를 매달 저축하는 일이 얼마나 중요한지 터득했다는 거예요. 이런 말을 할 수 있어서 너무나 기쁜데, 사실은 지난 15년간 모은 돈보다 지난 몇 년 동안 모은 돈이 더 많아요!

게다가 돈 문제를 해결하는 방법을 남편과 같이 배운 덕분에 이제 돈 문제로 싸울 일이 없어졌어요.

간단하고 효과적인 돈 관리 기술을 가르쳐주셔서 감사합니다!

계속 번창하시기를 기원합니다.

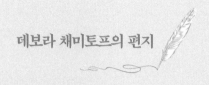

데보라 채미토프의 편지

데보라 채미토프가 하브 에커에게

나는 이제 경제적인 자유를 누리고 있어요!

하브,

지금 나는 열여덟 군데에서 소득이 들어온답니다. 직업을 가질 필요가 없어졌어요. 그래요, 난 부자예요.

무엇보다, 인생이 풍요롭고 즐겁고 풍성해졌어요! 전에는 전혀 이렇지 않았거든요.

전에는 돈이 부담스러웠어요. 직접 처리하기 싫어서 모르는 사람들에게 돈 관리를 맡겨버렸죠. 주가 폭락으로 그 돈을 거의 다 잃어버리고 나서야 내 잘못을 깨달았지만 이미 늦어버렸어요.

그 일로 나는 자긍심마저 잃었어요. 두렵고, 창피하고, 절망적이어서 모든 걸 밀어내고 나 혼자 틀어박혀 지냈죠.

그렇게 나를 벌주고 있을 때 당신의 세미나에 억지로 끌려간 거랍니다.

거기서 내가 한 경험은 정말 놀라운 것이었어요. 자신감을 되찾았고 나의 경제력을 내 힘으로 다스릴 수 있다고 믿게 되었어요. 부자가 되겠다고 선언하고, 과거에 실수한 나 자신을 용서하고, 내가 부자가 될 자격이 있다고 확신했어요.

이제, 나는 즐겁게 내 돈을 관리하고 있어요! 경제적으로 자유로워요. 앞으로도 계속 그럴 거예요. 백만장자 마인드를 갖고 있으니까요!

고맙습니다.

감수자 **편기욱**

현재 한의사. 10여 년간 명상과 수련을 통해 몸과 마음을 탐구해 온 명상가이자 카페 '비욘드 더 시크릿(www.cafe.naver.com/beyondthesecret)'을 운영하고 있다. 한의학에 대한 칼럼을 비롯하여 명상과 자기 계발에 대한 글을 쓰고 강연 활동을 하고 있다. 저서로는《3분 시크릿》이 있다.

옮긴이 **니선숙**

이화여자대학교 사회사업학과를 졸업하고 성균관대학교 번역대학원을 졸업하였다. 옮긴 책으로는《연애와 결혼의 원칙》,《네 안의 에베레스트를 정복하라》,《결혼 전에 자문해야 할 101가지 질문》등 다수가 있다.

❀백만장자
시크릿

1판 1쇄 발행 2020년 7월 20일
1판 18쇄 발행 2024년 7월 1일

지은이 하브 에커
옮김이 나선숙 **감수** 편기욱

발행인 양원석 **편집장** 정효진 **디자인** 강소정
영업마케팅 윤우성, 박소정, 이현주
해외저작권 임이안

펴낸 곳 ㈜알에이치코리아
주소 서울시 금천구 가산디지털2로 53, 20층 (가산동, 한라시그마밸리)
편집문의 02-6443-8847 **도서문의** 02-6443-8800
홈페이지 http://rhk.co.kr
등록 2004년 1월 15일 제2-3726호

ISBN 978-89-255-3692-7 (03320)

※ 이 책은 ㈜알에이치코리아가 저작권자와의 계약에 따라 발행한 것이므로 본사의 서면 허락 없이는 어떠한 형태나 수단으로도 이 책의 내용을 이용하지 못합니다.

※ 잘못된 책은 구입하신 서점에서 바꾸어 드립니다.

※ 책값은 뒤표지에 있습니다.